〈社会のセキュリティ〉を生きる

How to exist "social security"?

「安全」「安心」と「幸福」との関係

春日清孝・楠　秀樹・牧野修也
Edited by KASUGA Kiyotaka, KUSUNOKI Hideki, MAKINO Shuya

【編著】

学文社

執筆者 (執筆順)

牧野修也　神奈川大学非常勤講師（序論，第4章）
楠　秀樹　東京理科大学非常勤講師（序論，第1章）
北條英勝　武蔵野大学教授（第2章）
三浦直子　神奈川工科大学教授（第3章）
大倉健宏　麻布大学准教授（第5章）
渡辺　芳　東洋大学非常勤講師（第6章）
春日清孝　明治学院大学非常勤講師（序論，第7章）

目　次

序論 「社会のセキュリティ」を生きる
　　　──「安全」「安心」と「幸福」との関係 …………………1
1．セキュリティに対する「安全」と「安心」と「幸福」との関係　2
2．「公共」という言葉によって序列化する「社会」と「個人」　2
3．熟議する「公共性」　3
4．「個人」が「個人」から身を守る　4
5．国家が刑罰で「個人」を守る？　5
6．「社会のセキュリティ」による排除　6
7．「排除」と「包摂」　7
8．「個人」が生きて「社会」が生きる　8

第1章　生命のセキュリティ
　　　──社会学，進化論，優生学，エンハンスメント………13
1．社会と進化　14
2．優生学の歴史的展開　18
3．人間の未来―エンハンスメント（増強）志向　29

第2章　幸福の社会指標化と政治
　　　──世論に基づく政治から幸福感覚の政治へ…………39
1．幸／不幸をめぐる政治と社会の動向―幸福の社会指標化へ　40

2．幸／不幸の数量化の基盤としてのベンサムの思想　43
  3．幸／不幸の数量的な測定と社会指標化　46
  4．幸福感調査の認識論的諸前提と政治的機能　49
  5．参加制限制度としての幸福感調査と幸福指標の作成　55
  6．世論から「世感」へ——世論に基づく政治から幸福感覚に基づく政治へ　57

第3章　情報通信技術がもたらす社会変動とリスク
——ネット炎上を考える……………………………………67
  1．ネット炎上——技術がもたらす変化とリスク　68
  2．マスメディアと知の変容　69
  3．マスメディアとしてのインターネット　73
  4．ビッグデータと情報検索　77
  5．SNSのセキュリティをどう生きるか　82
  6．ネット炎上再考——技術革新と情報社会の行方　86

第4章　地域社会の意味と存続可能性
——地域社会に生きることの意味……………………………93
  1．地域社会への期待の高まりと地域社会の存続可能性　94
  2．地域社会とは何か？　95
  3．地域社会での人びと相互の「つながり」　98
  4．地域社会のつながりの現在とつながりの創造　106
  5．災害により生み出される社会的弱者　109

第 5 章　ペットと家族と地域社会のセキュリティ
　　　　　　………………………………………………………119
1．ペットを飼っているのはだれか　120
2．ペットはどこにいるのか　123
3．調査データから見たペットのセキュリティ　130
4．ペットフレンドリーなコミュニティモデルと同行避難という課題　138

第 6 章　構築される貧困
　　　──生活保護バッシングと社会の範囲……………………143
1．はじめに　144
2．2000 年代以降の貧困をめぐる状況　144
3．貧困とは何か　147
4．政策課題としての生活保護制度　152
5．家族規範と生活保護バッシング　155
6．モラルパニックとメディア　158
7．自立と連帯の両立可能性　160

第 7 章　親密性と関係性の再編のために
　　　──家族・教育・ジェンダーというセキュリティ……………167
1．はじめに　168
2．身の回りの多様な家族──その現存と実存をめぐって　169
3．制度や政策に現れる家族　172
4．人間の成育と生育環境としての家族──社会化をめぐって　180
5．社会的マイノリティの実践／運動から　184

6．家族になるということ──関係性への着目　189

あとがき……………………………………………………………199
索　引………………………………………………………………203

序論 「社会のセキュリティ」を生きる
―― 「安全」「安心」と「幸福」との関係

　本書は，前著『〈社会のセキュリティ〉は何を守るのか―消失する社会／個人』（春日・楠・牧野 2011）の主題を継続発展させたものである。「社会のセキュリティ」とは「社会保障」(social security)の意味ばかりでなく，国防や防犯，防災などの「守り」でもあるといえよう。しかし，さまざまなセキュリティが相互に矛盾し，一方が他方の抑制になり，バランスを保てないことがある。これが「社会のセキュリティ」という問題設定である。

　また前著の副題にある「社会／個人」とは，多様でそれぞれが個性的な「個人」の相互作用によって，仮にぶつかり合ってもいずれは連帯していくこともできる，人間生活としての「社会」のことを示す表記である。その際「個人」と「社会」は相即不離の存在である。

　しかしながら，時として「社会」は「個人」の単なる総和として捉えられ，それぞれが切り離されて理解されやすい。連帯する「社会／個人」という意識を喪失した個人は，自分で自分の身の安全に責任をもち，守るしかないとあきらめる。このとき，「社会」は疎遠で空虚な言葉でしかなくなっていく。あるいは，「個人」を超えた上位の存在として「社会」をとらえるとき，無力な「個人」は「社会のセキュリティ」に庇護されるものとされ，「自分たちで社会を形作っている」という意識は失われる。

　本書は，前著公刊以降の新たなパースペクティブから，「社会のセキュリティ」の問題設定に取り組み，前著において「社会のセキュリティ」に「消失する」ととらえた「社会／個人」の「生きる」可能性を問う。

1．セキュリティに対する「安全」と「安心」と「幸福」との関係

「セキュリティ」という時，私たちは「安全」と「安心」という言葉を思い浮かべる。「安全」は人や物や組織などに物理的に損傷がないことを意味するが，「安心」は「安全」を諸個人が主観的にどうとらえるかにかかっている。

国家による国の安全のための決定が「安心」の面で「正統性」を得るとは限らない。たとえば，2011年3月11日の東日本大震災後の福島の原発事故の際，日本政府の下した一連の決定に対して，国民は本当に「安心」しただろうか。そして「安全」がさまざまな領域で高度に専門化された「客観的なもの」であるとされるにしても，人々はその専門性のために問題を理解できず，同時にまた，一方的に専門家に判断を委ねることにも「不安」を感じることになったのではないだろうか。専門家の客観的判断は強制できるものではなく，「安心」を得る形は人びとによって多様である。その多様な「安心」の形の保障（言論としても活動としても）は重要であるが，異なる「安心」の形を選択する人びととは相互の不干渉が生じることもしばしばである。こうして客観的に権威づけられた「安全」は，個々の主観が作用する社会（相互主観的ともいう）の「安心」と合致することは難しくなるかもしれない。原発事故に対する政府の見解に納得することのできない人びとによる強力で大規模なデモが生じたように，「安全」と「安心」とは民主主義社会の正統性の問題にも通じるのである。

ところで古代ギリシア哲学のエピクロスは，人生の最高の善を「幸福」とし，それを快楽であると述べたが，その快楽とは贅沢ではなく，苦痛や心配からの解放による心の平穏のことである。すなわち先に述べた「安心」の問題に通底するということができよう。

2．「公共」という言葉によって序列化する「社会」と「個人」

2015年9月19日には，安全保障関連法制が，与党その他多数によって強行採決された。外国からの軍事的脅威は，もっとも重要なセキュリティだという

政治の側の一方的主張に対して，国会前では数万人規模のデモが繰り返された。

　軍事的セキュリティの問題としては，そもそも継続的に沖縄の米軍基地問題が存在する。今から約20年前の1996年，当時の沖縄県知事であった太田昌秀は，米軍用地継続使用に関する代理署名を「沖縄県民の公共の利益」という観点から拒否したが，このことをめぐる最高裁判決は，同様に「公共の利益」を主張の根幹に据え，代理署名拒否という行為が，日米安保条約，地位協定における日本国の責務に反しており，それが公益に反するとして，知事の主張を却下した。沖縄の基地問題は，歴史的に問題が先送りされ，その結果，政府による米軍基地の押しつけと集中，それに対する「県民」の苦悩とプロテストという状況を招くに至っている。安全保障か沖縄県民の生活と生命の保障か，これらの対立軸に具体的な検討がなされることなく，結果，「現状維持」がなし崩しに選択されている。ここでは，沖縄の利益よりも国益が，言い換えれば，より「私」に近い地方の益よりも，「上位」として国家の益が優先されたわけである。しかしながら，より上位の公益なるものが真に「社会／個人」の利益になっているか（なったか）ということについて検証されることは稀である。

3．熟議する「公共性」

　それでは「公」とは何か，またそれと対に語られる「私」とは何か。ユルゲン・ハーバーマスは，1962年の著書『公共性の構造転換』において，「公共性」（Öffentlichkeit）概念について端的に整理している（Habermas 1962=1990=1994）。ハーバーマスによれば，近代社会は私的自由や権利を，王，貴族，教会など一部の支配者から革命的に勝ち取るプロセスであった。それは同時に「代表者の公（邦訳書では，具現代表的公共性と訳されている）」（räpresentative Öffentlichkeit）の権力を「個人」それぞれのものとして勝ち取る過程でもあった。そうして勝ち取られたのが近代の「市民的公共性」（bürgerliche Öffentlichkeit）である。したがって，これは「個人」による継続的な「熟議の民主主義」（deliberative democracy）の場も意味している。ハーバーマスは，自ら「市民的公共性」を

public sphere と英訳し，そのために，日本では「公共圏」とも訳されるようになった。

しかし，社会システムの拡大によって，政治は「個人」相互の熟議にもとづくものではなく，その政治的意思決定を「代表」する政治家の人気投票的な選出となり，世論調査が民意を僭称する「数量の測定機構」として現れた。メディアもこの数量的「代表」を誇張するようになる。ハーバーマスは近代的な市民的公共性が現代に「再封建化」すること，すなわち，「代表者の公」の時代に戻ってしまうことを批判した。「公共の利益」(public interests) とは，数量的規模の大きさによる代表制を口実として，少数の声や個人の考えをないがしろにするようになってきている。

4．「個人」が「個人」から身を守る

上記で議論されたような数値化された社会のデータを「代表」として参照し，自分の社会的な位置や存在価値を測るということに現代人は慣らされ過ぎてはいないだろうか。リチャード・セネットは，自分のアイデンティティを企業の要求に合わせて絶えず変化させ，自分のそれまでの過去の業績や能力にこだわらない人間，つまりは「経験」を大事にすることがない人間が企業に要求されている，と述べる。彼によれば，それが「新しい資本主義の文化」における生きる条件なのである (Sennett 2006=2008)。セネットによれば，これは人の傷つきやすい内面を考えない文化のことである。

セネットの議論から想定できる「社会のセキュリティ」とは，「社会」を「自分以外の他人の総体」とし，そこから自己を守るという意味に受け取れるであろう。すなわち，同じように孤立した「個人」同士が対立し，自分自身が生き残るため，企業の解雇（経済や生活の安定からも放逐される）の脅威から身を守る。互いが信じあって連帯するのではなく，そもそも自分が何者であるのかも同定せずに企業の要求に身を委ねる。このセネットの議論から見えてくるものは，「社会／個人」という関係を消失した地点，特に周囲との同調や同質

であることを求められ，「個人」が自発的に自分らしく生きないように期待される現状である。

5．国家が刑罰で「個人」を守る？

　先のセネットの議論は「グローバリゼーション」の問題と言い表すこともできよう。町村敬志は，グローバリゼーションによって国家が影響力を低下させていくという1980年代の予測に反して，実は逆に影響力を再編している現状を数点にわたって指摘している（長谷川・浜・藤村・町村 2007）。その指摘のひとつに，国家が全体的調整者としての役割から，新たな「変動がもたらす不安定性や不確実性，リスクへの個別的対応という役割を期待されるようになっている」，というものがある。その際，国家による「監視」がリスクに対する防御手段として強化されていく過程が強調されている。
　ロイック・ヴァカンは，このような監視によって社会を守る国家像を「刑罰国家」と述べている。社会のセキュリティに関し，社会保障を縮小する国家が，警察力を拡大するというのである（Wacquant 1999 = 2008）。ヴァカンによると，「刑罰国家」は，アメリカ発，イギリス経由でヨーロッパに上陸した（Wacquant 1999 = 2008）。彼は，具体的に，その思想的根源がかつてのロナルド・レーガン大統領のバイブルともなったチャールズ・マーレイの『地盤沈下』（Murray 1984）にあると読む。彼は，貧困増加の原因が国家支援に対する貧困層の甘えにあるとする。そして，マーレイの書は，そこから無気力やモラルハザードが生じ，非合法同棲カップルが生じると述べる。さらにはそれが都市暴力など近代国家の諸悪の根源なのだと説く（Wacquant 1999 = 2008：8-9）[1]。
　また，このような思想に影響を受けたのが，1993年から2001年までニューヨーク市長を務めたルドルフ・ジュリアーニである。彼は「割れ窓理論」を実践し，犯罪率を減らしたとしてもてはやされた。廃墟の一枚の割れ窓を放置しておくと，他の窓も割られるというところから，常に些細なモラルの欠如にさえも目配りをする警察体制を推し進めるものであった[2]。この無秩序への「不

寛容（＝ゼロ・トレランス）」という政策と犯罪減少との因果性は証明されていない[3]。それでも「割れ窓理論」はニューヨークの警察再編を導き，公共空間から貧困層を追い出し，国家による中・上流階級のための社会のセキュリティを保証した[4]。

6．「社会のセキュリティ」による排除

　見方を変えるならば，上記の「社会のセキュリティ」は，ある者たちを排除することによってそれ以外の者たちに「守られている」という「安心」を与えるという皮肉な事態を指している。

　たとえば，「戦前，彼らは町なかにいた」（石川 1990）と石川信義は，「精神病者」（現在は「精神障害者」）についての著作の冒頭を展開しているが，これは，第二次世界大戦後に「国の方針」として，彼らが精神病院へ強制収容される歴史を物語っている。その傾向に拍車をかけたのが，1964年の「ライシャワー・アメリカ大使刺傷事件」である。これ以降，「治療より治安」という方針が強化され，患者の人権が顧みられることがなくなっていく。これが再検討されるのは，1984年の「宇都宮病院事件」（精神病院の中での深刻な人権侵害）によってであるが，その間，実に長期にわたって「精神障害者」は社会に存在しないかのように扱われていた。石川によれば，彼ら，特に，かつて「精神分裂」といわれた統合失調症の患者が嫌われるのは，「彼が何をしでかすのかわからないと人は見るから」（石川 1990：20）である。その結果，「普通の人の犯罪なら動機がある。その動機を人はわかる。わかるから，一方で安心をしている。ところが分裂病者の事件は，その動機が一般の人にはわからない。わからないから不安になり，あげくに『気違いに刃物』だと考えてそれでおしまいにしてしまう。あとに『気味わるい』だけが残る」（石川 1990：21）と指摘した。

　こうした問題は，非常時にこそより明確に現れる。たとえば，緊急時に避難所に避難することは，一人ひとりの生命を守るために不可欠なことである。にもかかわらず，知的障害者の家族が周囲の人に理解されないのではないか，避

難所において迷惑がられるのではないか，と忖度して「自粛」する例があることは，東日本大震災に限らずそれ以前から「災害弱者」の問題としてしばしばマスメディアでも取り上げられてきた事例である。もちろん，このような問題については捨象されてきたわけではないが（たとえば，全国社会福祉協議会 2014），国家治安のセキュリティに守られる個人が，自発的な相互監視のための計画で管理されることで，支配力のある「社会」からの逸脱に気を揉むようになるということが問題である。こうして「社会」は整然とした均質化を参加の条件としているのではないだろうか。

7．「排除」と「包摂」

われわれの問う「社会／個人」の一体性，あるいは先述したハーバーマスの言っている主体は，理性的で言語能力があり，自己判断ができる主体を想定している。しかし，はたしてそのような主体ばかりで社会が構成されているというような考え方ができるだろうか。これまで述べたように，貧者を刑務所へ入れ，精神障害者を病院に押し込み，緊急避難所への知的障害者の避難をためらうあり方は，ハーバーマスのとらえた「熟議する主体」が同等であるという前提のあやふやさを表している。

ここで思い出すのは，岩田正美（2008）もいう「社会的排除」である。この概念は現代の社会福祉学のキーワードとしていまや定着している。そもそも，この概念は，1970 年代のフランスが始まりだと岩田は指摘する。当時，同国では，戦後復興と福祉国家体制の確立後も，そこから排除されている人びとを「豊かな社会の新しい貧困」ととらえ，特に，障害者の社会的参入などを射程に収めた議論が出現し始めていた（Lenoir 1974, Stoleru 1974）。社会から排除された人がいることは，本書の「社会／個人」の理念である「社会契約」を国家が実現していないことを意味する。それらの回復を目指すのがフランスで登場した「社会的排除」概念であった。EU による 1992 年の文書「連帯の欧州をめざして—社会的排除に対する闘いを強め，統合を促す」での「社会的排除」

の定義は,「① 結果だけではなく排除されていく過程を問題にする, ② シティズンシップ を支えるさまざまな権利や制度を人々が享受できなくなる, ③ 低所得や失業だけではない多次元性を有している」とあり, フランスの考え方を参考としている（福原 2006：14-15）[5]。

また,「社会的排除」と対概念とされる「社会的包摂」に関しては, 次のような見解の相違がある。岩田の参照するルース・レヴィタス（Levitas 1998）のまとめるところによれば, ① 再分配派, ② モラル派, ③ 社会的統合派という違いがそれである（岩田 2008：167）。① は資源分配と市民権の不平等の問題だという立場, ② はモラルの欠落や文化に焦点化して福祉依存を排した労働市場への参加を求める立場, ③ は社会的排除を労働参加の欠落に焦点化し, 労働参加を強めて経済効率も射程に収めている。レヴィタスは, ② と ③ が現在優勢だと述べる。その際,「排除」の問題を取り扱うとしながら, 当該の人びとがモラルや文化, 経済社会全体の足手まといであるかのような印象を, 言説（discourse）のなかで再生産することに注意すべきであろう。グローバル経済の体制を変えないままに, そこから避難した人びとを, 再び, そこに放り込むような言説が社会福祉学で受容され, 今は, その反省段階に来ている。すなわち,「社会的包摂」概念が社会的排除を生み出すというのである。こうした「社会」の内外の線引きに対して, 従来, 社会学者は批判的な視点を提供してきた。したがって, あらためて, 治安維持の監視はもちろんのこと,「包摂」の福祉でさえも排除を生み出す可能性があることにわれわれは警戒したいのである。

8.「個人」が生きて「社会」が生きる

最後に, 先の精神病者の排除について, ここでもう一度考え直してみたい。石川は端的に述べる。「なによりも,（人びとが：引用者補足）じかに見て, 肌で接することが大事なのだ」（石川 1990：232）。たとえば, 北海道浦河の「べてるの家」の実践がある。とかく, 精神疾患は治療することが自明の目標とし

て設定されがちだが，ここでは「そのままでいい」が合言葉になっている。「幻聴」を「幻聴さん」とよび，その人と共に幻聴も成長していくことを目指すこと，幻聴についてネガティブに考えず，「お客さん」が来ていると他者に自己開示していく，つまり正常を逸脱する病気ではなく，実際に「生きる」関係性に置き換えていくことなどが目指されている。斉藤道雄は著書の登場人物の言葉を要約してこう述べる。「病気を生きること。その苦労を引き受けること。それは仕事や子育てとおなじようなやりがいをもたらしてくれるだろう」(斉藤 2010)。もしも，ここで読者が知った精神障害者たちと，読者自身とがともに連帯する社会をつくりあげようとするならば，直接に彼らとの間にどのような関係性を生きることができるかが課題となろう。

　本書は，個人が他の個人と「対立」・「競争」・「闘争」するものであるという「自己保存」(マックス・ホルクハイマーのいう Selbsterhaltung) や「淘汰」の発想を転換し，話し合い・コミュニケーションし，手を携え合い・助け合い，「交響する」(見田 2006：20, 186-190) こともできることを，読者が想起することを意図するものである。競合し反発し合う個人の集合も「社会」と呼ぶのならば，結びあって問題に対処する個人の連帯も「社会」なのである。「私が苦しいように，対立するはずの他者も苦しい」ということを想像し話し合う糸口を用意するため，事例，データ，概念，理論を駆使するような社会学は，個人間が対話する社会の「生成」に寄与しているのである。したがって，社会学は，問題の出来事と関わる「当事者」の客観的位置を指し示し，その者がそこから逃れられないと訳知り顔で結論を述べるものではない。

　しかし同時に，当事者の立場を理解するのが「社会学者の立場」だと表明しても，実際に当事者どうしの関係が簡単に親和するものでもない。そこには関係性を解明しつつ，関係性を形作る遠い道程が用意されている。このように，私たちは，人びとの意見と行動を織り込んで，絶えず変化する現在進行形の社会を読者に想起させようとしている。個人が個人と対立する社会に，国家的な暴力的解決を要請するのではなく，個人と個人とが結びつく社会を創りだすことによって対立と孤立とに歯止めをかける。これが本書の問いかける，個人を

つなぐ連帯社会のセキュリティである[6]。

【注】

1) そして、マーレイは、最新の学術的人種主義の書物として悪名高い、リチャード・ハーンスタインとの共著『ベル・カーヴ―アメリカにおける知能と階級構造』（Murray, Herrnstein 1994）の著者でもある。ベル・カーヴとは、正規分布図のことであり、これを用いて鈴状の下膨れのカーヴで、IQ テストの高低と社会的経済的地位の高低が符合すると彼らは主張する。そして、ここでもまた、マーレイは救う価値のない層への保障の無意味を説くと、ヴァカンは述べている。いや、さらに、ここでは、貧困層は自然の摂理によって身分を定められている黒人たちだと議論されているのである。

2) あるいはコミュニティ住民自治として、たとえば、五十嵐泰正によれば、「割れ窓理論」の本来の目的は、排除ばかりではないという見方もある。その目的は「コミュニティの活性化や住民の当事者意識の醸成と、軽微な犯罪に目を光らせることによる重犯罪の『予防』とを、双方向的に達成しようとするコミュニティ・ポリシングにこそある」という指摘である。「セキュリティの論理が、コミュニティを再形成する可能性があるばかりではなく、異質な人々を調停し、コミュニケーションのチャンネルを開くための最大公約数的な契機」にもなりうる可能性も示している（五十嵐 2012）。しかし、本書では「割れ窓理論」については、社会的な排除を促す側面が強いという理解から、批判的な立場を採る。

3) ヴァカンは、警察国家の経緯と理論のみならず、アメリカでは刑務所収監者が爆発的に増加しているというデータも提出している。アメリカにおける収監者数は、1960 年代から毎年約 1% の割合で減少し始めた。しかし、その後急速な増加を遂げる。アメリカ法務省の統計によれば、1975 年に 38 万人、85 年に 74 万人、95 年に 150 万人、そして 1998 年に 200 万人を超えた。収監者数は 15 年で 3 倍となり、他の民主主義国においては例がない。その 4 分の 3 は薬物中毒をはじめとする軽犯罪者であり、その大半は、経済環境が悪く、社会保障の欠如の犠牲者であるとヴァカンは述べる（Wacquant 1999=2008：78）。

実際は 1990 年代のアメリカの犯罪発生率は全体的に低下しており、それは犯罪発生率の最も高い年齢層である 16 ～ 24 歳の人口構成比の減少からも説明できるのではないかという批判もある。特に、この人口減少は 90 年代に入る前の中絶の合法化によって、貧困層などのバース・コントロールが可能になったことと無縁ではないという見方である（Levitt & Dubner 2005=2007）。

4) ただし、問題の原点となったアメリカにおいては、現在は刑務所収監者数の

過剰を引き起こしたため，受刑者は職業訓練を受けて社会復帰する傾向にある（沢登 2015）。とはいえ，そもそも，貧困と格差，教育によって犯罪の動機そのものを抑制することにもっと力を注がねばならない。犯罪の発生後に取り締まり，更生させる以前に，社会保障政策によって社会を守ることはできるのではないか。
5）しかし，前述の③にあるような表現には，EU の経済競争力に資する統一経済圏にとって貧困の問題を棚上げする意図もあったのではないかという批判的な見方もある（岩田 2008：19）。
6）たとえば中西正司と上野千鶴子の議論は，本書の主張にとって教示深い。二人は「自立」という概念が経済的孤立としてとらえられがちな状況に批判的に言及し，むしろ相互依存する社会の協力性を，すなわち「社会／個人」のセキュリティを示唆している。「ふつう私たちは『自立』というと，他人の世話にならずに単独で生きていくことを想定する。だが，そのような自立は幻想にすぎない。どの人も自分以外の他人によってニーズを満たしてもらわなければ，生きていくことができない。社会は自立した個人の集まりから成り立っているように見えて，その実，相互依存する人々の集まりから成り立っている。人生の最初も，最期にも，人と人とが支え合い，お互いに必要を満たしあって生きるのはあたりまえのことであり，だれかから助けを受けたからといって，そのことで自分の主権を侵される理由にはならない。（中略）高齢者に限らず，だれでもニーズを他人に満たしてもらいながら自立生活を送っている。そう考えれば，高齢の要介護者や障害者の『自立生活』はちっともふしぎなものではない。最期まで自立して生きる。そのために他人の手を借りる。それが恥ではなく権利である社会をつくるために，障害者の当事者団体が果たしてきた役割は大きい」（中西・上野 2003：7-8）。

【引用・参考文献】

有賀喜左衛門（2000）「公と私—義理と人情」『有賀喜左衛門著作集Ⅳ』未來社

Habermas, J., (1990) *Die Strukturwandel der Öffentlichkeit, Untersuchungen zu einer Kategorie der bürgerlichen Gesellschaft.*, Suhrkamp.（=1994, 細谷貞夫・山田正行訳『公共性の構造転換—市民社会の一カテゴリーについての探求』未來社）

長谷川公一・浜日出夫・藤村正之・町村敬志（2007）『社会学』有斐閣

Herrnstein, R. J. & Murray, Ch., (1994) *The Bell Curve: Intelligence and Class Structure in American Life*, Free Press.

福原宏幸（2006）「社会的包摂政策を推進する欧州連合」『生活経済政策』8月号（No.115）特集　脱「貧困・格差社会」をめざして（下）
五十嵐泰正（2012）「多文化都市におけるセキュリティとコミュニティ形成」『社会学評論』62巻4号：521-535
石川信義（1990）『心病める人たち』岩波新書
岩田正美（2008）『社会的排除―参加の欠如・不確かな帰属』有斐閣
春日清孝・楠秀樹・牧野修也編（2011）『〈社会のセキュリティ〉は何を守るのか―消失する社会／個人』学文社
Lenoir, R., (1974) *Les exclus:un français sur dix*, Seuil.
Levitas, R., (1998) *The Inclusive Society? : Social Exclusion and New Labour*, Macmillian.
Levitt, S. & Dubner, S., (2005) *Freakonomics: A Rogue Economist Explores the Hidden Side of Everything*, William Morrow.（=2007, 望月衛訳『ヤバい経済学』東洋経済新報社）
見田宗介（2006）『社会学入門―人間と社会の未来』岩波新書
宮内洋・好井裕明編著（2010）『〈当事者〉をめぐる社会学』北大路書房
Murray, Ch., (1984) *Losing Ground: American Social Policy, 1950-1980*, Basic Books.
中西正司・上野千鶴子（2003）『当事者主権』岩波新書
斉藤道雄（2010）『治りませんように』みすず書房
沢登文治（2015）『刑務所改革』集英社新書
Sennett, R.,(2006) *The Culture of the New Capitalism*, Yale.（=2008, 森田典正訳『不安な経済／漂流する個人』大月書店）
――, (1998) *The Corrosion of Character: the Personal Consequences of Work in the New Capitalism*, W.W. Norton.（=1999, 斎藤秀正訳『それでも新資本主義についていくか―アメリカ型経営と個人の衝突』ダイヤモンド社）
Stoleru, L., (1974) *Vaincre La pauvreté dans les pays riches*, Flammarion.
Wacquant, L., (1999) *Les prisons de la misère*, Editions Raisons, d'agir.（=2008, 森千香子・菊池恵介訳『貧困という監獄―グローバル化と刑罰国家の到来』新曜社）
全国社会福祉協議会障害関係団体連絡協議会・災害時の障害者避難等に関する研究委員会（2014）『災害時の障害者避難等に関する研究報告書』

第1章　生命のセキュリティ
——社会学，進化論，優生学，エンハンスメント

　2016年7月26日未明，相模原市の障害者施設「津久井やまゆり園」に元職員だった若い男が侵入し，入所者19人を殺害し，27人を負傷させた。この事件は社会に大きなインパクトを与えたと言える。第一のインパクトは，加害者自身も精神障害者としてとらえられうるという点である。第二には，加害者がこの事件を事前に予告しており，それは衆議院議長，果ては総理大臣にあてられた手紙に記されていたことである。すなわち加害者は，障害者の生命の抹消を国家政策として望んだという点である。第三には，この事件に対して，マスメディアの反応が単なる建前だとして，インターネット上では「本音で語る」と称して賛意を示す反応が少なからずあったということ。その際に，現状の出生前診断が9割以上の障害者の出生を否定しているという話が枕詞のように引き出されている。第四には，そもそも「社会のインパクト」と述べたが，そういうのも大げさとも思えるほどに，この事件の匿名の被害者たちを世間が黙殺しているように思えることである。

　本章においては，この事件の中に生じているものが，歴史的先行例に則っていることとして明らかにされるだろう。誰かを犠牲にすることによって優れた社会体制が確保できると信じる「社会のセキュリティ」の神話が解き明かされる。「遺伝」を制限的にコントロールすることで優れた人間と社会を生み出そうとする優生思想の神話である。またそれは現在も進行形なのである。たとえば，近年，先端科学技術の中でも遺伝子工学の飛躍は目覚ましい。われわれは遺伝の力を過大視していないだろうか。人間は遺伝や生物学的理解の範疇で管理されることによって安心して生きていけるのだろうか。

1. 社会と進化

1-1 社会学における「進化」

(1) コントの「進化」

　フランスのオーギュスト・コント（1798-1857）は，社会学の創始者として有名である。彼は「調和の法則」（構造），「継起の法則」（歴史）などの「社会の法則」を，自然の摂理としてとらえられると考えた。このことは，あるいは進歩と秩序に置き換えられる。全体が秩序だって落ち着くことと，力強く変化を遂げることとはなかなか同時に成立しない。変化の中において社会はもろく危うく，とはいうものの安定した社会に変化は訪れない。

　コントはこうした「社会」の中にある人間を，「個人」という幻想から解放しようと考える。そしてあらゆるものを神話や宗教から説明する「神学的段階」を人間社会の始原とし，次にそうしたものから独立しつつも思弁的な理性や論理に依拠する「形而上学的段階」を経て，社会は「実証主義的段階」という，思弁を超えて観察や実験などの科学的な経験に基づいた認識をもつ社会へと進化すると考えた。

　フランス革命から 10 年もたたないうちに生まれたコントは，革命後のフランスを振り返り，当時の彼にとって「実証主義的段階」は次の段階であり，同時代はまだ「形而上学的段階」であった。それは前の時代と次の時代との間に揺れる革命の前進と後退との間でもあった。しかし，こうした明確な未来の認識，社会の次の段階への進化という視点こそ，「予見せんがために見る」(voir pour prévoir) というコントの実証主義の実践なのである。

　同時にコントは，この社会認識の「三段階の法則」を社会そのものの進化として，「軍事的段階」「法律的段階」「産業的段階」ととらえた。人々の軍事的段階は法において調停され，やがて科学に基づいて人々は協力し，産業的発展を迎えるのが人間社会の自然な発展の在り方ととらえたのだ。

　しかしなぜこの「進化」が生じるのか。コントは原理を説明していない。また，この進化のうちの神学的段階に位置づけた社会，すなわち文明以前の社会

の在り方に対する否定的評価を前提としてしまっている。しかし神学的段階を否定し，形而上学的段階の理性的思弁でも不十分とすることで，経験によって論証された個人の合理性を引き出すという意味での「経験主義」を打ち出すと同時に，「進化」に伴った社会の再組織化という展望をコントが与えたことは，社会認識としての社会学以上に，社会哲学的な功績なのである。

だからこそコントは，産業革命がもたらした不平等と不自由，あるいは利己主義を批判し，「個人」に還元するのではなく，人は結局，相互の結びつきである「社会」の中で共感や好意を拡大し，幸福を感じるという「愛他主義」を打ち出すのである。

(2) スペンサーの「進化」

イギリスのハーバート・スペンサー（1820-1903）もコントより遅れて「社会学」を唱えるようになる。コントの社会学思想は，進歩と秩序の調和であり，実は個人と社会との調和ともいえるのだが，しかし，たとえばテオドール・W.アドルノ（Adorno 1968=2003：30）などが後に批判したように，秩序の方が強すぎる。またスペンサーもコントの社会学に対して，個人の形作る社会よりも社会全体の個人に対する規制の強さを感じていた。これに対してスペンサーは個人の自由を強調している。特に経済活動の自由であり，コントが嫌った利己主義とも言いうるほどの個人の自由である。スペンサーは他の人間の自由を侵害しない限りは，自分の望むことをすべて行う自由こそが人間社会の第一原理であるとした。

助け合いも，国家の介入も，単なる甘やかしだと断定した[1]。医療保健行政を否定し，公衆衛生法（1848）を批判している[2]。これをスペンサーは「適者生存」（survive of the fittest）という。そしてこの発想はダーウィンの進化論における「自然淘汰」を社会に適用するものなのである。「社会ダーウィニズム」とも呼ばれる。この思想に基づけば，進化とは，コントが考えたような個人を超えた社会の変化ではなく，あくまで個人相互の競争の中で，自然界のような現象が起こることで生じるものなのである。

スペンサーは社会が助け合うことで成り立つ社会保障の発想を根本から否定

し，経済的失敗から個人が飢え死にしようが，病気で死のうが，あくまで社会の競争の中で「生きるに値しなかった」ということに過ぎないととらえる。優れて社会の中に居場所を見出し，適応した者のみが生きることができるというのである。

すなわち，社会学の創始者たちがいう社会の進化とは，コントのように社会がひとつの生き物として進化するという見方（実はスペンサーはこのこともいうが，ここでは議論を明確化するため取り上げない）と，スペンサーのように社会を自然環境同様に見立てることで，個人がそこで生き抜くことを進化だという見方とがあるのだ。

1-2 生物学における「進化」

(1) 進化とは？──ダーウィンとラマルクの進化論

しかしそもそも生物学における「進化」とはなんであるのか。

進化論で有名なチャールズ・ダーウィンによる『種の起源』(1859) は，そもそも人間の価値や自然界における人間の位置を論じたものではない。「生存競争」や「自然淘汰」という言葉で有名なように，環境に対して他より適応した個体が生き残るというのがダーウィンの進化論の基本にあり，この自然というのは意志をもったものではない。意志はないが，自然によって生物の生存が選ばれる結果から「自然選択説」という。

ところで，われわれが進化論の創始者と考えるダーウィン以前にも，すでに古くから進化については論じられてきた。それらには古くから多様な議論がある。ここでは，最もダーウィンに近く，また，ダーウィンの進化論とわれわれが混同している部分の多い進化論の提唱者ジャン・B.ラマルクの議論を紹介する。ラマルクの『動物哲学』(1809) によると，もっとも原始的な生物は，身体的特徴のなかの必要なものを発展させ，不要なものを退化させてきた。これを「用不用説」という。そのような個体が世代を経るに従って環境に適応して獲得した形質が遺伝すると彼は考えた。

ダーウィンの進化論の場合，首の短いキリン（オカピ）と長いキリンとは偶

然に突然変異で生じ，それぞれ確立された種として並行的に発展し，環境に応じて淘汰されるが，ラマルク進化論によれば，短い首のキリンはいずれ世代を経て長い首へと（自らの経験や意志を遺伝させて）進化させると考えられる[3]。ラマルクによれば，いかなる生物ももとは単純な生物であり，それが複雑な生物へと単線的に一つながりで進化していくというのである。したがって，たとえばアメーバから魚，トカゲ，犬，人間へと進化するとすれば，それらが地球上に共存するのは，人間が最も古くに発生してアメーバから進化を始め，いま人間としてたどり着いたからだというのである。対して犬やトカゲは今の人間の出発より遅れたというのである。この考え方によれば，いずれ虫は犬に，犬は人間になる。よく進化論を聞いて，「猿はいつ人間になるの？」と聞く子どもがいるが，ラマルクの考え方はこれに近く，現在では否定されている（Bowler 1984=1987（上））。

(2) ラマルクの問題点と影響

　ラマルクの議論には地理的な環境の条件の相対的で多様な意味が欠けていた。長い首は背の低い草の生えているところでは不便であり，環境が変われば首が長いことは有意味な複雑化ではない。しかし，ラマルクは進化を存在の高等さの序列と考えていたのである。このようなラマルク進化論は，現在のわれわれの進化論のイメージを形成している。先ほど述べたコントの社会学にも通じるのではないだろうか。意志や経験の遺伝は，社会が歴史を営むという点ではいえることである。そしてダーウィン進化論を踏襲したスペンサーの「社会ダーウィニズム」は，本人の生まれついての遺伝的特性と環境とのマッチングという偶然性を強調することで，「社会」を過酷なものとしてとらえるのである[4]。

　そして進化論に最も重要なのは，人間の位置づけであった。ヨーロッパ社会のキリスト教の伝統においては，人間は神に近く，他の動物よりも特権的であった。また科学者や哲学者のなかには進化論の反宗教的価値を称揚する者もいたが，彼らも人間の位置づけにこだわる点では同様であった。ダーウィニズムに基づけば，自然に選ばれた優れた生命が人間であり，ラマルキズムに基づけば，進化の最終形態が人間である。これら主張は，ともに人間を生物界の最

高の価値に引き上げた (Bowler 1984=1987（下）: 325-328)。

　こうした議論の延長に，西欧近代社会あるいは産業社会を頂点とした進化，というより「成長」や「展開の宿命」というべき観点が，社会進化論へとつながってくる。それは帝国主義や植民地主義とも通じ，「未開社会」という言葉に表れる西欧近代の優越感ともつながってくるのである。

2．優生学の歴史的展開

2-1　優生学の起源—実験の場アメリカ

(1) 遺伝子主義の確立

　優生学の父といわれるフランシス・ゴルトンは，『人間の能力とその発達の研究』(1883) において「優生学」(eugenics) という言葉を用いた。彼は 1904 年のイギリス社会学会において「優生思想とは何か」と講演し，社会学の起源に影響を及ぼした。しかし，優生学が実践的に発展したのはイギリスではなく，アメリカではないかと考えられる。まず，かの地においては，州ごとの法律制定のためにどこかで先進的な取り組みが行われうる。また，アメリカでは，オーガスト・ワイズマンの生殖質説が流行したのが優生学の発展にとって決定的であった[5]。しかし，この徹底した遺伝の本質論は，個人の優劣の本質は遺伝子であることを強調することになった。同時に，生活改善や教育改革は，遺伝から見て無意味だと考えられるようになっていった (Bowler 1984=1987（下）: 406-410)。

(2) 外面と統計

　ところで，ゴルトンが残した優生学の遺産とは何であろう。それは統計学的な遺伝の結果を探ることである。特に，それが身体の外面的特徴にも関わるという意味で，「人体測定学」というものが優生学の特徴となってくる。この研究のプロローグには，脳の大きさや形が機能に影響するという19世紀の「骨相学」がある。特に有名なのは，犯罪者は環境に関係するという社会学の草創期の主張と真っ向から対立したチェザーレ・ロンブローゾの生来的犯罪人説

(1876) であり，これは脳の形，外見的特徴に生まれつき犯罪者になる特徴があると論じたものである。彼は，犯罪者383人の頭蓋骨，3,839人の生きている受刑者，精神病者の容姿，骨格を兵士と比較し，犯罪者の生得的特性というものを描いた。この人体測定学の要素も優生学には欠かせない性質となってくる（Darmon 1989=1992）[6]。

(3)「遺伝」とIQ

19世紀において，犯罪者と精神障害者とは同じものとしてひとくくりにされ，しかも遺伝するものと考えられていた。1885年，イギリスでは国民に普通教育を実施するにあたって精神障害者を特定し，隔離しようとし，全国5万人の小学生の中，9,186人をその対象者とした。約5分の1の小学生が精神障害とされたわけだが，精神障害とは，貧困と不道徳に基づく態度も指しており，要するに素行の悪い子どもに精神の障害があると考えたのである。それは親からの遺伝だと考えられていた。そのような精神障害の親は多産であるという言説が一般に受け入れられていた（「一般人の出産，平均4人，精神障害の場合7.3人」というような言説がもっともらしく受け入れられた）。かくして，「劣った」子どもを「増やしてはならない」という思潮が生じた。これを消極的優生学という（対して積極的優生学とは，「優れた」子どもを増やすという考えである）。この消極的優生学に基づき，イギリスに「精神病法」(1913) が制定され，貧困下にあって売春婦となっていた女性などが，不道徳の遺伝のために貧困環境下にあるという本末転倒な発想から強制収容され，性的隔離を受けることとなった（米本ほか 2000）。

アメリカのリチャード・L.ダグデールなどは，貧困と犯罪の遺伝性を，ゴルトンのように統計的に検証しようと，ジューク家という一族の系譜から，709人中181人の売春婦，106人の非嫡出子，142人の乞食，3人の犯罪者を見出した[7]。ダグデールは，こうした犯罪者に貴重な税金を使わないように，その増殖を制限すると主張をしようとしていたのである。ヘンリー・ゴダードの『カリカック家』(1912) は，カリカック氏（仮名）が「精神薄弱の酒場の女」とあやまちを犯し，次に「良家の女性」と結婚した際，それぞれの子孫を調査

したというものである。その書によれば，前者480人の子孫の中に，精神障害者143人，非嫡出子36人，性的放埓者33人，アルコール依存症患者24人が出たとあり，後者においては社会で有力な人間が出たとある。このゴダードは，一般にIQテストと呼ばれるテストをアメリカに導入した。それはそもそもアルフレッド・ビネーがフランスで1904年に開発したもので，年齢に応じて知能の発達を調べる検査法であった。ゴダードは，それを一定の数値以下を異常と判定するテストへと変え，移民制限に利用した。彼による英語やイギリス文化に偏向したテストによって，東欧・南欧の人々は知能が低いとされて移住を制限された（米本ほか2000：38-39）。

(4) 断　種

これらの偏見に満ちた学問から，アメリカでは「断種法」が実現する。断種とは，輸精管や輸卵管を縛る，あるいは切除することで子どもをつくれなくする手術のことである。この最初の手術は1897年に行われたが，それが消極的優生学に則って実践されたのは1902年，インディアナ州の少年院付きの医師により犯罪者42人に対して行われたものだった。当時の国勢調査から，その医師が，犯罪者と精神障害者が増えていることを危惧した結果であった。本来ならば傷害罪に問われてもおかしくないが，1907年には断種は同州で合法化され，その後全米で最大32州に広まる。犯罪者と精神障害者が対象となっている。特にカリフォルニア州は過激化し，梅毒患者や性犯罪累犯者が対象に入ってくる。同州は，1921年までの全米で断種された者の79%，3,233件中の2,558件，1936年末には約半数の11,484件を執行した。1933年のドイツのナチスにおける断種法に影響を与えたのはこの州のやり方だと考えられてもいる。アメリカの連邦最高裁は1927年には断種法を合憲とし，「社会が，明らかな不適応者が子どもをつくらないようにすることは全体にとって善である」と定めた（米本ほか2000：34-37）。

2-2 優生学の帰結―ナチス・ドイツにおける展開
(1) 人種主義（racism）

　優生学を確立したアメリカにおいては，合衆国建国におけるアングロ・サクソン至上主義が力をもっていたのに加え，マディソン・グラントの『偉大な人種の消滅』(1916) のように，ヒトラーの愛読書となる本が人気を博してきた。北欧ゲルマン人の戦争での強さは文明の尺度であるとうたわれるような本である。対して20世紀初頭，1913年の時点で，白人と黒人の間の結婚は31州で禁止されているという状況であった（米本ほか 2000：38）。「人種」と「民族」という概念自体，生物的な要素と文化的・社会的要素の曖昧とした概念である。そもそも生物としての「種」という分類からすれば，人間は遺伝的には一つしかない「種」の動物である。確かに，皮膚の色などの外見上の個性に違いはある。したがって，外見上の差異を以て，歴史上，「種」の相違が語られてきたのである。その際，文化や社会的価値を独自なものとして相対的にとらえるのではなく，外見のさまざまな遺伝的形質を分類し，そこに一方的に優劣をつけ，あるいは文化的・社会的属性までも生物的特徴として，「遺伝の問題」とするのが優生学的な人種主義なのである。これは「主義」ではなく単なる差別の一形態であるという認識から，racism は「人種差別」とも邦訳される。たとえば，ナチスの迫害した「ユダヤ人」とは，ユダヤ教という文化的特性で分類しつつも，東方起源の外見も強調する。そのため，「ユダヤ人」であるか否かは，先に述べた人体測定学のような外見的特徴と文化的属性の両面から問われる。これらに加えて，反社会的性質，精神障害，犯罪者，怠惰，貧困などの誰にでも陥りうる傾向が遺伝のものとされ，それが好ましくない「人種」の特性として折り重ねられる。したがって，外見と文化ばかりでなく，逆に，社会から排除される人間性が好ましくない「人種」であるとされるのがナチスの完成した優生学の帰結である。その思想の展開について以下でみてみよう (Peukert 1987=1997)[8]。

(2) ナチスの消極的優生学

　ドイツの優生学は，衛生学の発展形にあった。第一次世界大戦 (1914) 以前

のドイツ帝政下，アルフレート・グロートヤーンは，細菌感染者の発症の具体的要因を考え，所得と肺結核死亡率の反比例から，貧困という社会的要因を求めたが，それとは別に体質の遺伝性も要因だと考えていた。したがって，強い体質の人間を残し，弱い体質の人間の生殖を制限する優生政策論の端緒を開いた。また，ヴィルヘルム・シャルマイヤーは，医療と医師を社会化 (Sozialisierung)，すなわち国有化し，患者のプライバシーよりも，病気の感染や遺伝に関しては公益を重視し，病気の履歴を婚姻届の際に義務付けるように提案している。これが彼のいう国民衛生学である。これに対して，アルフレート・プレッツは，「人種」の衛生学が必要だと考えた。彼の「種」としての進化という観点は後のナチスにも影響を与える。また種の進化においては個を犠牲にする必要があるという観点から，逆に個人相互が助け合う「社会」という連帯を否定していく（米本ほか 2000：59-77）。

　ところで「消極的優生学」とは，「劣ったものを排除する」という考え方である（優れた者を生み出す「積極的優生学」と対比して）。国家社会主義ドイツ労働者党，通称ナチス党党首アドルフ・ヒトラーの政権が誕生した 1933 年 1 月以来，同年 3 月には全権委任法によって憲法は形骸化し，政党は解散され一党独裁となり，翌年に彼はとうとう大統領の権限までもった「総統」となった。民主主義や議会政治の形式を踏まえて，武力クーデターではない独裁政治への移行が行われた。それは国民の支持でもあったというべきである。ナチスの歴史を語ることと優生学の歴史を語ることとは，その点で似ており，後になってみれば残酷な歴史であったと反省できるものの，当時は熱狂的に支持されていたのである。

　そして独裁政治によって，遺伝病子孫予防法という法律がナチス政権誕生の年内に議会の承認なく制定された。しかも，精神病，精神薄弱，てんかん，その他遺伝病に重度のアルコール依存症を対象とし，「本人の意思に関係なく」断種が実施できるよう制定された。精神疾患の人びとがその 8 割を占めたが，この疾患とは，実際には一般的な道徳観を「知能検査」として問うた結果から医師が診断したものである。すなわち，勤勉さ，順応性，まじめさややる気と

いう規範である。「なぜ人は勉強するのか」「お金を拾ったらどうしますか」「忠誠，敬虔，尊敬，慎みとは何ですか」「勇敢の反対は何ですか」といった問いであった。それは医療というより尋問や判決に近いが，実際，同法に基づいて，裁判官，官吏，医師1名ずつからなる遺伝健康裁判所も当時の簡易裁判所に並置されるようになり，遺伝病を発見した際は，ここに届け出るのが医師の義務となった (Peukert 1987=1997：347)。届けない場合は罰則として医師活動の永久停止となった。医療の組織的関与があって，ナチスに断種された人びとは全体で36万人から40万人いたのではないかといわれる。先に述べたアメリカでも3万人ほどである（1907〜1939年）（米本ほか 2000：89-94）。あるいは裁判所の判決は，終身刑のように施設から一生出ないことを確約させるという場合もあった。出所する場合は断種を条件としている。遺伝健康の「裁判」は，断種以外は一種の終身刑であったといいうる。

　そして，断種の対象は犯罪者に拡大し，ナチスが政権に就いた1933年の11月には，常習犯罪者取締法が制定され，それまでは責任能力がないものとして罪を問われなかった「精神病質」の人びとを長期に拘束する施設ができた[9]。ここでも断種手術が出所の条件となることがあった。また，この法において，性犯罪者の去勢（精巣摘出）が認められた。

　1935年に遺伝病子孫予防法が改正されると，ヴァイマール時代には母体の危険に際してのみ許可されていた中絶が，優生学的意味において合法化された。本人の同意や妊娠から半年以内で本人に危険がないと判断された場合である。あるいは代理人の承認があればいいとされ，自己決定能力のない知的障害の女性も中絶に至った。この法の下に，中絶は3万件に及んだ（米本ほか 2000：94-96）。

　そして結婚にまつわり，やはり1935年のニュルンベルク法（帝国市民法と「ドイツ人の血と名誉を守る法」の総称）は，前者によってユダヤ人の市民権をはく奪し，後者によって婚姻を禁止した。これらは後にはジプシーと黒人にまで適用された (Peukert 1987=1997：346)[10]。婚姻の禁止という点では，結核，性病，遺伝病，精神障害者を対象とした婚姻健康法がニュルンベルク法の後に

制定され，各地に設置された保険局の婚姻適性証明書が義務化された（米本ほか 2000：96）。

　ところで，ナチスによる人種観においては，敵視するものにさまざまなイメージを付与するが，ユダヤ人については，強大な資本家であると同時に共産主義のリーダーでもあり，それらが結束した国際的に強力な敵であるという部分もあった。特に資本家として，お金を貸して利息を取ることや株式取引の利潤は，「汗水たらした労働」を勤勉の美徳とみるナチスの価値観から逸脱したものとされた。ジプシーに対しても，享楽的で怠惰とみなされ，これらの人種観は，全体社会の労働規律に対する違反者や確定した生活規則の逸脱者に他ならなかった。1940年に設置された労働矯正収容所は，一般国民の中にも労働怠慢がないかと通告させた。たとえば軍需面でトラックなどを製造したクルップ社において，1939年から1945年の終戦までに5,426件の労働怠慢が告発された。「怠惰が罪である」ことに実質的な罰則を加えた社会においては，経営者が労働者を脅迫的に管理できた。上記の件数のうち313人が労働矯正収容所へ送られた。彼らはナチスが消極的優生学で対象とした者たちとそうでない者たちとのマージナルだが，収容所以前の段階で矯正ができないというのは生物学的欠陥とみなされ，断種という見せしめにあった。それでも不服従な者は死ぬまで労働させられる強制収容所へと送られた。上記の中では6人いた（Peukert 1987=1997：339-343）。

　ニートやフリーターというステレオタイプに押し込んで，モラルのない「労働怠慢」に対する「自己責任」という発想は，いまの日本にも見らないことではない。モラルの問題がいつしか生物学的技術的解決にならないか，われわれは注意していかねばならない。

(3) T4作戦

　ところで，これらナチス・ドイツの優生政策は，独裁体制とはいえ，法的な形式の下で遂行された。しかしヒトラー総統は，とうとう法の形式を逸脱し，障害者の殺害を命令したのである。Tiergarten 4に指令部があったことからT4作戦と名付けられ，第二次世界大戦開戦と同じ1939年に開始された。

もちろん背景には，優生思想とともに，戦争遂行の軍事費の拡大があるが，それ以前に国をあげての国家威信のプロパガンダであったベルリン・オリンピック開催にかかった費用があった。ちょうどそのころから，国民として役に立たない人間にかけるお金はないとし，障害者は無駄な命であると宣伝するようになった。オリンピックを前にした日本に津久井やまゆり園の事件が生じたことは不気味な暗示のようでもある。

プロパガンダ映画『過去の犠牲者』(Opfer der Vergangenheit 1937)は，健常な国民が障害者の増殖という過去の結果の犠牲となっていると宣伝する[11]。さらにさかのぼれば，医師アルフレート・ホッヘと法学者カール・ビンディンクによる「安楽死」を規定した書『生きるに値しない生命抹消の解禁について』(1920)がある。同書の中では「精神の死」に対して，肉体は牢獄であり，そこから解放してあげる「死の恵み」という発想が見られる[12]。この書がヒトラーに影響したともいわれるが，ドイツ精神医学会のエルンスト・リューディンのような医師の側も安楽死政策を強く支持していた。医学の飛躍的な進歩は，治すことのできる病気の範囲を拡大したのに対して，同時に「治る見込みのない病気の患者に対して，医療費やベッドを使う必要があるのか」という考え方が出始めていた。

この作戦によって，ドイツの数ヵ所の精神病院にガス室が設けられた。後に600万人が殺害されたというユダヤ人虐殺の絶滅収容所のガス室のリハーサルだったのではないかともいわれている。障害者はこのとき7万人が死んだ。しかしこの治る見込みのない病気には，誰もがかかりうる現代病ともいえるうつ病や統合失調症（当時は「精神分裂病」といわれた）も含まれている。パーキンソン病のような脳神経病の患者も対象とされた。

このことに，当時の国民たちは何となく気づいていた。患者の側でも，パターナリスティックな医療関係の中で，医師や病院に逆らうことを遠慮する中で，ずるずるとガス室にたどり着く。たとえばハダマー精神病院のスタッフたちは，灰色のバスで運ばれた患者たちにとても親切な対応をしたという。しかしその先にはガス室が用意されていた。医師数人が生きるに値しない命だと認

め印を押すことで，粛々と行われた（Gallagher 1995=1996）。

そのころミュンスター市のカトリック教会の司教クレメンス・アウグスト・フォン・ガーレンは，公然と作戦を批判する説教を行った。信者たちは，説教をコピー機のない時代に，手書きで何枚も写し配った。そのかいあってか，ヒトラーの作戦の深刻さについて，国民が知るようになっていった。ヒトラーとナチ党は，独裁とはいっても国民の声の高まりを恐れた。司教は刑事告発も起こした。独裁とはいえ，法の形式をとってきたナチスだが，今回は作戦行動に過ぎなかった。ナチスの側では強引に司教を殺害することも考えたが，カトリック教会の総本山であるバチカンのローマ教皇もこの作戦に拒否を示した。独裁とはいえ，ここまでくると国民の支持を気にしなければならなかった。そのうえ，ドイツの始めた世界大戦はますます戦線を拡大し，不可侵条約を破ってドイツがソ連と戦争を始めたばかりであったころの司教の批判であったことも大きかった。

しかし，さらに深刻なことに，「安楽死の野生化」という事態が生じた。安楽死政策に賛同する個々の医師と看護師たちが安楽死行為を継続し，対象も当初の規定より拡大されていった。認知症や寝たきりの高齢者，ドイツ人とユダヤ人の間にできた子どもや身寄りのない子どもなども対象となっていった。最終的に，犠牲者は20万人に上るのではないかともいわれる。

(4) ナチスの積極的優生学——レーベンスボルン（生命の泉）協会

ナチスが不必要な生命を減らすという政策を採るにあたって，まずは人口の確保が重要だという観点があった。現代的にいえば，少子化のドイツ社会は，量のみならず質的な，すなわち彼らの理想人種の誕生を望んだ。彼らの理想とするゲルマン民族は，「アーリア人」と称されたが，その言葉の起源はともかく，北欧白人のステレオタイプである，金髪，碧眼，長身という外見がその規定の核心にあった。

ドイツ人の人口増加のためには，堕胎や育児の放棄が解消されねばならない。1934年には，ドイツ児童手当制度によって父親が養育費を払えない母子の生活が保護された。これに加えて，母親十字勲章という軍人の十字勲章の母親版

によって模範的母親を表彰した。結婚貸与金のように，もちろん健康であると診断されたうえで，子どもを産むことで返済義務のなくなる制度もあった（Peukert 1987=1997：346；米本ほか 2000：96）。

　ナチスの親衛隊長官兼警察長官であったハインリヒ・ヒムラーは，この問題を重くみて，1935年にレーベンスボルン（生命の泉）協会を設立した。協会は未婚母子の生活保護施設を国内に10数ヵ所開設したが，もちろん，それはドイツ人と認定された者たちの施設であった。ナチスにおいては，あくまで外見的要件から，理想のアーリア人をノルウェー人としたため，1940年にドイツに降伏したノルウェーにおいて，当地の女性たちとナチス党員との結婚が奨励された。終戦までにノルウェー内に10ヵ所の専用施設が開設され，ドイツ人との間に8,000人の子どもが生まれた。施設の外でも4,000人が生まれた。これがレーベンスボルン計画といわれるが，同時にこの計画に沿って，単に外見的条件に適ったという理由で，ポーランド，フランス，チェコなどで子どもが誘拐された（鎌田 2006：79f.）。

　ちなみに，戦後のノルウェーは，ナチスの人種主義がつくりだしたこの「優れた子どもたち」をことごとく遺伝的に劣った知能障害と診断して施設に追いやった。この迫害の被害者の当時の子どもたちは2004年になって初めて正式な国家賠償を受けた（DW 2001）。子どもたちが，障害者として施設に収容された問題点は，ナチスへの復讐という意味ばかりではなく，優生学の被害に対して優生学的判断で応酬する診断が社会に受け入れられていたことや，そのために障害者を施設に隔離していたことにある。福祉先進国とされるスウェーデンをはじめとした北欧諸国においても，1970年代まで優生政策が幅を利かせてきた。戦後のドイツにおいても，ナチスの人種政策には批判が集まったが，1980年代に至るまで，断種については十分な議論や補償がなされなかった。それどころか，1980年代に至って，西ドイツ（当時）の障害者の保護者の会は，遺伝抑制が目的ではないが，障害者が子育てをするには不十分な社会を悲観し，障害のあるわが子たちの生殖能力を除去しようと主張した。このような発想は現代でもみられる。アメリカにおいて，知的障害のあるアシュリーの両親は，

彼女が性犯罪被害の末に妊娠するリスクを予防するために，彼女に不妊手術を施し，性的興奮を喚起する女性らしい乳房を除去したとインターネット上のブログで告白している（アシュリーの両親のブログ 2007）。本人の同意のない（そして得ることは難しい）こうした手術に対して賛否の声があがった。

　また，日本も例外でなかったことは述べておくべきだろう。日本の優生政策は，戦前に沿革があるものの，優生保護法として 1948 年，つまり第二次世界大戦後に始まった。必要な場合に中絶によって母体の保護を目的とする法でもあったが，遺伝病に対する強制断種の法であった。そもそも感染症であるハンセン病の患者がこの際に対象とされた（柴田 2008）。1952 年には断種対象を拡大した改正が行われ，精神病，精神薄弱の人びとも対象となっていった。この法が 1996 年に母体保護法という現在の名称に改正されたことは，優生学の歴史や生命を管理する社会に対する批判がついここ 20 年ほどのことであることを示している（米本ほか 2000）。21 世紀に入り，ヒトゲノムが解読された。2000 年には，教育改革国民会議座長を務めたノーベル賞物理学者江崎玲於奈は，就学児の遺伝子検査と適性による選別という本音を語ってもいる（斉藤 2001）[13]。

　一連の優生学の歴史を振り返るならば，あらためて問題がナチスのような特別な狂気の問題にのみ還元できないことがわかる。また「狂気」という異例として排除されてはならない。特定の権力や政策が退いてもなお，医師のような専門家が個々の判断によって優生思想を実践し，これらを国民の側も黙認し，支持さえすることに優生思想は成り立っているのである。つまり一人ひとりの人間の「内なる優生思想」の問題なのである。およそ 9 割の人間が，現代日本において出生前診断による障害児の診断に対して中絶を選択しているのである。

　またわれわれは，人間の優劣への医学的・科学技術的介入にこだわり，決して「ありのままの自分」をうけいれない（楠 2015）。「劣」や「弱」に厳しく，「優」や「強」に媚びる。社会心理的には「権威主義的パーソナリティ」（アドルノ）に通じるのではないかと考えられる（楠 2010）。後天的障害や老いの可能性という自分の中の弱さを認めず，社会という人との連帯関係を認めず，人

間を超越した「自力の強さ」に「強者」としてのあこがれをもち，強権や独裁や，人間の改造にのめりこむ。そこにはゆがんだナルシシズム，「自己否定」が感じられる[14]。

3．人間の未来―エンハンスメント（増強）志向

3‐1　自己を克服する進化の精神

(1)死の変化，生の変化

　優生学の歴史は病気の予防という発想に基づいていた。病気予防という場合，発展途上国においては，栄養不良や感染症の問題であり，貧困やワクチンの普及に重点が置かれる。そこから先進国に近づく指標は，予防すべき病気が成人病や先天異常への配慮になっていくことにある。日本においても，1930年代の死因は，胃腸炎，肺炎，気管支炎であり，平均寿命は男性で44.8歳，女性で46.5歳であった。これら死因は，赤痢，チフス，インフルエンザ，結核などに因るものであったと考えられる。これに対して，1980年代に入ると，死因は現在と同じく，癌，脳卒中，心臓病となり，男性は74.2歳，女性は79.7歳まで生きる世界最長寿国となった。この平均値は，単に新生児死亡率の低下だと考えてよい（長尾・米本 1987：21-24）。しかし，誰もが等しく高齢化するほど，かつては幾度も訪れた死の可能性が縮減され，三大死因に抵抗することが，かつてない長寿への鍵となってくる。予防のための消極的な生命の選択ではなく，積極的に回復の方法が見出され，それどころか，そもそも病気もなく，今よりもずっと長寿の人間が生まれる可能性を追求する人びとがいる。

(2)「障害」の消失か拡大か

　病気の予防どころか，既存の身体能力も欠損と考える発想がある。われわれは，今のままの自分に不満をもち，改造さえ試みる。最も身近なのは薬である。成長ホルモンや性機能（バイアグラ），運動能力（エリスロポエチン）や筋肉増強（ステロイド）の薬は一般に利用されている（上田・渡部 2008：18）。また，すでに利用されているものに美容整形がある。手術によるものであるため費用

や難易度には開きがある[15]。

　生まれもった病気ということに関していえば，優生学において追求されてきた遺伝病の問題がある。これについて，現代の科学技術の可能性は，着床前遺伝子診断から遺伝子の操作に至るかもしれない。さまざまな遺伝的問題が出生の前に取り除かれうる。デザイナー・ベイビーといわれる人間は，アメリカ映画『ガタカ』(1997年) において描かれている。作品の世界は，出生前に寿命や死因が診断され，それらの改良や，視力などの能力的問題点がデザインされて子どもが生まれてくる世界である。その世界では法的に遺伝子改良に関する差別を禁じつつも，改良された者が優遇されている。改良できる富裕階級は改良人間としてよい職に就き，改良されていない人間は低い賃金の仕事をする。就職の面接では暗黙に遺伝子検査がされ，理由を繕って追い返される。人生のさまざまな経過においても遺伝的適性の問題として人生が制限される社会である。すでに現実の話，アメリカにおいて2008年には，遺伝子雇用差別を禁止し，生命保険加入制限やサービス格差も禁止した「遺伝情報差別禁止法」が成立した（下院教育労働委員会 2008）。しかし，映画同様，暗黙な差別がないとはいえない。人体の遺伝的改良は，今後，医療サービスの大きな市場を形成するのかもしれない。

　出生前，出生後に手を加えずに，自然が与えたそのままの自分でいることが「障害」であるという世界が来るとき，親の出生前デザインにより弟は兄よりバージョンアップし，下の子，新しい子はより改良を加えられることになる。障害は消滅するのではなく，「かつての健常」が「障害」と扱われてしまうのである。私たちは優劣の流行に踊らされるばかりだが，そもそも自然界においては，環境の変化，新しいウイルスに抗して，さまざまな遺伝子の多様性を残すことが生きる戦略ではなかっただろうか。

(3) 社会のサイボーグ化

　今後は，今まであきらめていたさまざまな疾病が治癒するかもしれない。たとえば脳の研究は，脳から人間の可能性を開拓し，効果的な薬によって障害を克服するどころか，さらにさまざまな選択を可能にする。ダイエットや睡魔の

克服，集中力や記憶力などの脳の機能改善である。それでも不十分な場合，脳を外部の機械と接続する可能性があるかもしれない。神経工学においては，脳神経を電子回路と見立てて，接続を試みようとしており，神経ネットワークの微弱な電流の流れを電気信号に変換する技術を開発している。簡単にいえば，念じることで動く装置をつくっている。そのような脳と機械との接続は，脳を手術などで外気にさらけ出す場合に感染症のリスクを伴うため問題となる。しかし，私たちの思いが信号となり機械を動かすか，あるいは逆に，脳が機械（コンピューター）からの信号を受け入れられるようになるならば，さまざまなデータをダウンロードできるようになるだろう（上田・渡部 2008：40f.）。また，脳に限らず人体内で癌などの死因を破壊するウイルス・サイズのロボットが活躍することも期待されている。現代の三大死因の克服の時代が来るのかもしれない。極めつけには，人類が150年以上生きる生命になることを真剣に研究している人々もいる（上田・渡部 2008：50f.）。

　科学技術が高度に発達し，他の専門領域とも連携をとりながら，従来の人間を変え，新しい未来人の用意が着々と進んでいるのかもしれない。しかし，外見を好みで変え，病気を克服し，不死に近い人びとの社会はどのようなものであろう。果たして人々は個性的であろうか。コンピューターとデータ交換する脳をもつ未来人の個人的意志はどのような価値をもつのだろうか。われわれは人間と機械のコンピューターネットワークになってしまうのかもしれない。すでに現代においても，携帯電話などのモバイル機器，コンパクト化した機械と常時移動しているわれわれだが，同時にネットワークによっていつも位置が特定され，行動は他者からも把握されている。それは未来の科学技術によって実質的に強化されうるのである。つまり，機械が身体の内外で切っても切り離せないものとなる時，われわれは個人のアイデンティティや自由をどこにみるのだろうか。

3-2 トランス・ヒューマニズムが超えるものとは―また，最後に本章全体のまとめとして

1998年にトランス・ヒューマニズム（超人）協会なるものが設立された。人間が科学技術によって変化していくことに倫理学者たちは否定的だが，死や病気から解放されたいのは人間の夢であり，技術によって変質することもまた「人間らしさ」なのだと彼らは主張する。彼らによれば，現在は新しい人類（ポスト・ヒューマン）創出の過渡期（トランス）のはじまりにすぎないのだそうである。たしかに，われわれの身体が情報として詳しく解析され，他の科学技術と変換可能になっていくのだとしたら，一方で身体を植民地化する改造市場と格差の社会が生じ，他方で優生学以上に人間を画一化し，全体の中枢に情報管理される社会が来るのかもしれない。これが進化論の示した個人間の淘汰，あるいは進化の頂点としての人類の全体性という問いへの現代的な答えなのかもしれない。

いずれにせよ，われわれには科学技術における「できる」を「すべき」として強制していく傾向があるようだ。また，その科学技術は分析的であり，かつて優生学が不治の障害や病気を理由として生殖力や生命を奪っていたのに対して，問題となる身体の部分（それどころか単なる好みで変えたい部分）に応じた修正を可能にしていくだろう（まるでラマルクの用不用説だ！）。臓器移植の問題ともつながるが，そうした生命科学技術の在り方は，個人を全体ではなく，単なる部品の集合とする人間観を強化するであろう。しかし，社会が個人の集合体として自由度を制限される時があるように，人間身体の部品性も社会全体の資源，言わば生命資源として管理される時が来るのではなかろうか。「個人」を解消するとき，「社会」も消失する。これら2つの概念は相互に意味づけてきたのである。

【注】

1）スペンサーはその『社会静学』(1851) における「救貧法」（つまり貧困救済の社会保障政策）について述べる箇所において，「善意に満ちてはいるが，思慮

のない人々は，事物の自然な摂理によって社会は常に，不健康な人間，低能な人間，愚鈍な人間，何一つ自分で決められない人間，不誠実な人間をその外に締め出すということに目をつぶり，浄化のプロセスを妨げるばかりでなく，ますます堕落させるような介入を奨励する」(市野川 2012：104；Spencer 1851：324)。
2)「自然の努力のすべては，虚弱な体質の人間を減らすことに向けられている。自然はそういう人間を世界から一掃して，より優れた人間に場所を与えるのだ。病人がどう扱われるかに目を向けよ。その肺がなすべく役割を果たせない肺病患者，その消化器官が栄養を十分に吸収できない人間，心臓に欠陥があってがんばるとそれがダメになる人間，こういう人間はたえず死に絶えていき，その後には，与えられた気候や食料や生活様式に適した人間が残るのである」(市野川 2012：105；Spencer 1851：379)。
3) ただしこのキリンの例は後述する A. ワイズマンによる例示である。
4) 生物学者はいまや進化論と進化学（分子レベルで考える）とを差異化しようともしている。したがって，ダーウィンの思想についても，曖昧な「ダーウィニズム」とダーウィン自身の思想とを切り離すべきだと考えられている (Bowler 1984=1987 (上))。
5) ワイズマンによると，体細胞は生殖細胞の乗り物であって，両者は違うものである。彼は，ラマルク主義に反対し，個体の経験は生殖に関わりないことを証明しようと，20世代にわたるネズミの尾を切って，尾のないネズミが現れないことを証明した。ただし，ラマルクは環境との関係による用不用と，それに対する意志の介在を言ったわけであり，この実験は無意味ともいうる。
6) スペンサーは，進化とは同質性から異質性への展開だととらえた。そのため，手足の長さ，顔の横幅と縦幅の違いなどから，西欧の白人は異質さを得て進化し，対してパプア人は同質のままだと述べているが，これは人体測定学的発想である (Spencer 1861：160=1980：405)。
7) ゴルトンは家系の中の優秀な人間と犯罪者との数を数え上げ，その家系が優れた家系か劣った家系か割り出せると考えたわけである。しかし優劣などどういう基準でいえるのか。政治家は優なのか。犯罪者の犯罪はその時代の独自のものだったらどうなのか。同性愛が犯罪とされていた時代もあった。

ところで，たとえば現在の日本の「全国学力調査」における「保護者調査」の基準となる「家庭の社会経済的背景」(SES=Socio Economic Status) は親の資産と学歴しか見ない。経済的学歴的背景が子どもの学力に反映されるとはいうものの，「例外的」に SES が低くても勉強のできる子がいる。その場合，それは実は親や学校による児童との連携や努力として評価されている。

しかしその指標では祖父母以上の家系のなかの教養や経済支援，コネの支援は見えない。そこから転じれば，社会学における階級再生産の議論もまた「家系の運命」を感じさせるようなところもあるのではないだろうか。

8）ポイカートによると，ナチスは，体制にとって望ましくない人間を，まずは「矯正可能」かどうか試す。そのうえで従えない者は「生物学的にいまわしい存在」と断定するのである（Peukert 1987=1997：343）。

9）精神病質は，近年では「人格障害」とよばれ，あるいはその語源の personality disorder から，「パーソナリティ障害」という呼称が妥当とされている。現在では精神分析などによる治療が行われ，脳の問題ではなく，人格形成の経歴が問題していると考えられている。

10）ジプシーとは，ロマ民族の蔑称とされる。ナチスは，放浪と怠惰，享楽的であるという彼らのステレオタイプを遺伝的なものだと考えた。50万人虐殺されたといわれる。

11）「自然界では弱い者は生きていけない」。しかし人間社会はそれを保護する。その結果「過去70年の間にドイツ国民は50%の人口増であったのに対して，障害者は450%増えた」と同映画内で述べている。

12）生命を尊重すべき「人間」とは知性や意志であるとするパーソン論者のような現代の生命倫理学者の企ては，動物一般にまで生命としての尊厳を認めようとする権利論の拡大である点では興味深いが，同時にわれわれが人間と考えるものから排除する対象を作り出す傾向にある。知性や意志という点から類人猿やイルカを人間と同等に評価する一方，重度の知的障害者にその価値を認めず，無脳症の人間を人体実験や臓器移植に利用することを提唱する者まで現れる。ナチス・ドイツもまた，世界に先がけて動物愛護法を成立させたが，その中において，動物に苦痛を与えるユダヤ教の屠殺法を糾弾する意図を含んでいる。ナチスもまた，障害者と「ユダヤ人」の生を動物の生よりも低く見積もろうとしたのである。

13）「人間の遺伝情報が解析され，持って生まれた能力がわかる時代になってきました。これからの教育では，そのことを認めるかどうかが大切になってくる。僕はアクセプト（受容）せざるを得ないと思う。ある種の能力の備わっていない者が，いくらやってもねえ。いずれは就学時に遺伝子検査を行い，それぞれの遺伝情報に見合った教育をしていく形になっていきますよ」，「優生学者はネイチャー（天性）だと言い，社会学者はノーチャー（育成）を重視したがる。共産主義者も後者で，だから戦後の学校は平等というコンセプトを追い求めてきたわけだけれど，僕は遺伝だと思っています」（斉藤 2001：7）

14）相模原事件の加害者は，事件の前には顔を整形し，髪を染め，入れ墨やピア

スをしていた。これらがファッションである限りで誰においても危険な兆候として一般化することはできない。しかし、そもそもは施設の介護者であった青年が自己否定し、加害者へと「変身」したことを象徴してはいないだろうか。

15) たとえば、フジテレビで2001年から2003年まで放送されていたテレビバラエティー『ビューティー・コロシアム』は、外見にコンプレックスを抱えた女性たちの悩みをファッションやメイク、そして整形によって解決するというものだが、まずは性格を明るくすべきという指導がタレントなどによってなされる。外見にコンプレックスのある改造応募者が性格面の自己責任を問われたうえで、「よりよい存在への改造」がショーとして見せられる。ここでの変身はドラマである。醜い外見に醜い精神が宿り、美しい外見に美しい精神の可能性が芽生えるという展開がショーの常道である。ヒューマン・エンハンスメント（増強）はわれわれの中に根深い起源をもっているのかもしれない。誰もが知っているシンデレラ・ストーリー同様に、美しい者にふさわしい幸福が用意されているというのである。同時に、このような番組が、美容整形とファッションなどからなる人間改造を売る産業複合体の宣伝媒体であることは間違いない。しかし専門家たちは、確かに少なからず本気で自らの善意を信じているようであり、同時に改造を望む応募者も、生まれもって醜い自己の姿は悪であり、治癒すべき病気だと考えているのである。

【引用・参考文献】

Adorno, Th. W., (1968) *Einleitung in die Soziologie*, (Hrsg.) von Christoph Gödde, Frankfurt am Main. (=2003, 河原理・太寿堂真・高安啓介・細見和之訳『社会学講義』作品社)

アシュリーの両親のブログ（2007）The "Ashley Treatment", Towards a Better Quality of Life for "Pillow Angels"
http://pillowangel.org/ （2016年11月16日最終アクセス）

Becker, P. E., (1988) *Zur Geschichte der Rassenhygiene*, Stuttgart, New York.

Binding, K., Hoche, (1920) A., *Die Freigabe der Vernichtung lebensunwerten Lebens. Ihr Mas und ihre Form*, Leibzig. (=2001, 森下直貴・佐野誠訳著『「生きるに値しない命」とは誰のことか──ナチス安楽死思想の原典を読む』窓社)

Bowler, P. J., (1984) *Evolution: The History of an Idea*, Univ. of California Press. (=1987, 鈴木善次ほか訳『進化思想の歴史』(上)(下) 朝日選書)

CBSニュース (2004) Poll: Creationism Trumps Evolution. Most Americans Do

Not Believe Human Beings Evolved（2004 年 11 月 22 日）
http://www.cbsnews.com/stories/2004/11/22/opinion/polls/main657083.shtml?tag=mncol;lst;1（2016 年 11 月 16 日最終アクセス）

Darmon, P., (1989) *Medecins et assasins a la belle epoque : La medicalisation du crime*, Paris, Seul.（=1992, 鈴木秀治訳『医者と殺人者―ロンブローゾと生来性犯罪者伝説』新評論）

DW（Deutsche Welle）(2001) Children of Shame ? Norway's Dark Secret（2001 年 2 月 11 日）
http://www.dw-world.de/dw/article/0,,336916,00.html（2016 年 11 月 16 日最終アクセス）

Gallagher, H. G., (1995) *By Trust Betrayed, Patiens, Physicians, and the License to Kill in the Third Reich*, Vandeme Press.（=1996, 長瀬修訳『ナチスドイツと障害者「安楽死」計画』現代書館）

Gould, S. J., (1996) *The Mismeasure of Man : Revised edition*. New York: W.W. Norton & Co.（=1998, 鈴木善次・森脇靖子訳『人間の測りまちがい―差別の科学史』河出書房新社）

市野川容孝（2012）『ヒューマニティーズ　社会学』岩波書店

下院教育労働委員会(2008)(Committee on Education and Labor, 2008 年 5 月 1 日)
https://www.genome.gov/pages/policyethics/geneticdiscrimination/saponhr493.pdf（2016 年 11 月 16 日最終アクセス）

鎌田明子（2006）『性と生殖の女性学』世界思想社

楠秀樹（2010）「権威主義的パーソナリティ」日本社会学会編『社会学事典』丸善
――（2015）「〈持っているナルシシズム〉と〈成就するナルシシズム〉」金井淑子・竹内聖一編（2015）『ケアの始まる場所―哲学・倫理学・社会学・教育学からの 11 章』ナカニシヤ出版

Murray, Ch., Herrnstein, R., (1994) *The Bell Curve: Intelligence and Class Structure in American Life*, Free Press.

長尾龍一・米本昌平編（1987）『メタ・バイオエシックス―生命科学と法哲学の対話』日本評論社

Peukert, D., (1987) *Volksgenossen und Gemeinschaftsfremde*, Frankfurt am Main.（=1997, 木村靖二・山本秀行訳『ナチス・ドイツ―ある近代の社会史』三元社）

Rachels, J., (1990) *Created from Animals. The Moral Implications of Darwinism*, Oxford University Press.（=2010, 古牧徳生・次田憲和訳『ダーウィンと道徳的個体主義―人間はそんなにえらいのか』晃洋書房）

斉藤貴男（2001）「特別レポート　江崎玲於奈教育改革国民会議座長の本音『教育改革に優生学導入』の危険」『エルネオス』2月号
柴田隆行（2008）『多磨全生園・〈ふるさと〉の森―ハンセン病療養所に生きる』社会評論社
Spencer, H., (1851) *Social Statics*. (http://oll.libertyfund.org/titles/spencer-social-statics-1851　2016年11月16日最終アクセス)
Spencer, H., (1861) Progress: its Law and Cause, in *Essays on Education and Kindred Subjects*. (http://oll.libertyfund.org/titles/spencer-essays-on-education-and-kindred-subjects-1861-1911　2016年11月23日最終アクセス)（=1980, 清水幾太郎訳『コント・スペンサー』中央公論新社）
上田昌文・渡部麻衣子編（2008）『エンハンスメント論争―身体・精神の増強と先端科学技術』社会評論社
Wacquant, L., (1999) *Les prisons de la mière*, Editions Raisons d'agir. (=2008, 森千香子・菊池恵介訳『貧困という監獄―グローバル化と刑罰国家の到来』新曜社)
米本昌平・松原洋子・橳島次郎・市野川容孝（2000）『優生学と人間社会―生命科学の世紀はどこへ向かうのか』講談社現代新書

第2章　幸福の社会指標化と政治
―― 世論に基づく政治から幸福感覚の政治へ[1]

　近代になって「幸福」は，個々人が追求するものとなった。しかし何が幸福であるのか，あるいは，どのような幸福を追求するのかは，個々人によって異なるだろう。それゆえ，日本国憲法第13条は幸福追求権を次のように規定している。「すべて国民は，個人として尊重される。生命，自由及び幸福追求に対する国民の権利については，公共の福祉に反しない限り，立法その他の国政の上で，最大の尊重を必要とする」。この条文では，国家は国民の「幸福」そのものを保障するのではなく，他者に損害や被害を与えない限りにおいて，国民個々の幸福追求の権利を尊重することが示されている。すなわち，個々人の求める幸福のあり方や幸福観には多様性があるから，国は個々人の幸福を保障するのではなく，できるだけ個々の多様な幸福を追求できるようにすべきだということであろう。

　しかし，現在の政治は，個々人の幸福感の度合いを測定して社会指標化し，政策によって国民の幸福度を向上しようと考えはじめている。いわば，国家が国民一人ひとりの幸福追求に介入し，幸福を管理しようとしているのだ。この動きのなかで「幸福」概念は，その社会的な多様性を隠蔽されるとともに，その意味内容が次第に空洞化され，単に「幸福度」という数値として把握されるようになると考えられる。

　この章では，こうした「幸福」をめぐる政治動向，特に，幸福の社会指標化への動きが先進社会においてどのような社会的・政治的な機能をもちうるのかについて検討する。これによって，個々人の幸福追求と不幸の回避とをめぐる現代先進社会のセキュリティの一端が浮かび上がってくるであろう。

1. 幸／不幸をめぐる政治と社会の動向—幸福の社会指標化へ

1-1 幸／不幸への政治的関心

　21世紀に入って以降，政治の領域において「人びとの幸／不幸」がにわかに注目されてきている。国際政治の舞台では，ブータンの前国王が提唱したGNH（Gross National Happiness：国民総幸福）やタイのGHI（Green and Happiness Index）などの幸福指標がGDP（Gross Domestic Product：国内総生産）やGNP（Gross National Product：国民総生産）などの経済指標に代わるものとして注目されているのだ。たとえば，2009年に開催されたOECD（経済協力開発機構）第3回世界フォーラムでは，GDPで測定される経済的な成果だけではなく，人間の幸福をより総合的に評価できる新たな指標作りが議題となった。また，同年のサミット（先進国首脳会議）において，フランスのサルコジ大統領は各国首脳に対し，GDPなどの経済指標だけではなく，国民の幸福の度合いを組み入れた幸福指標の作成を提唱した。

　こうした国際的な政治動向の中で，日本政府も当時の鳩山由紀夫内閣以降において，国民の「幸福度」を表す社会指標を開発しその向上に向けて取り組む姿勢が次のように明確に打ち出されていた。すなわち「幸福度を表す新たな指標の開発に向けた一歩として，国民が実感している幸福感・満足感の現状を把握すること」（内閣府発表）を目的に，2009（平成21）年度の国民生活選好度調査を実施したのである。そして，翌年に成立した民主党の菅直人内閣は「最小不幸社会の実現」を掲げたが，それに対して，自民党の小泉進次郎議員らは「自民党は最大幸福社会の実現を目指す」と述べるなど，人びとの幸／不幸をめぐって政治家たちのさまざまな発言がなされた。このような幸福や不幸をめぐる動きは，日本の政治において国民の幸／不幸が重要なトピックになったことを表している。つまり，現代の先進社会においては，国民の幸福や不幸の度合いが，より直接的に政治的関心の対象となってきたのである。なお，この動きは2011年に内閣府の「幸福度指標案」の発表を経て，2012年には内閣府経済社会総合研究所が幸福度指標を作成するため，「第1回生活の質に関する調

査」の実施へとつながっている[2]。

1-2 経済成長と幸福の社会指標化

このような，幸福と不幸とをめぐる政治動向，特に幸福の社会指標化への注目の背景について，大橋照枝は「GDP の成長のみを追いかけてきた先進国の中で，経済大国になっても，人びとの幸福観や満足度が高まることと必ずしも一致しないことや，近年のさまざまな国際的な経済不況で行きづまり感が否めず，社会のあり方や GDP 至上主義に一考が求められているためだ」（大橋 2010：65）と述べている。いわば，「経済成長だけで人間は幸福になれないのだから，社会発展の目標を経済成長から幸福の増進に変更すべきだ」という認識の転換が起こってきているというわけだ。仮に社会の発展に関する目標が変われば，当然のこととして，発展の成果を測る指標も変えなくてはならない。たしかに，経済的に豊かだからといって必ずしも人びとが幸福であるとは限らないし，その逆に，経済的に貧しくとも幸福を感じる場合もあるだろう。

かつて見田宗介は，「現代における不幸の諸類型」という論文で，『読売新聞』の「人生案内」欄に掲載された人生相談の悩みを質的に分析し，「欠乏と不満」「孤独と反目」「不安と焦燥」「虚脱と倦怠」という不幸の 4 類型を析出した。そして「…物質的な富や権力の所有者でさえ，疎外状況の中に『安固と快適』のみを見出すとは限らない…このような『幸福であることの不安と倦怠』もまた，現代人の不幸の 一つの類型」であると指摘している（見田 1965：2）。この見田の指摘は，経済的豊かさを含む物質的・客観的な幸福に恵まれていたとしても，人は必ずしも幸福ではなく，さまざまな不幸に苛まれることを明らかにしている。

また，経済的豊かさと幸福とが簡単には結びつかないことを，より直接的に指摘する知見もあげることもできる。たとえば，GNH を採用しているブータンは，先進国と比較して経済的に豊かではないが，国民の 97% が「幸福」と回答するほど幸福感が高いという（大橋 2010）。さらに，経済学では，かなり以前から，この経済成長と人間の幸福との関係について研究がなされており，

「幸福のパラドックス（Easterlin Paradox）」という論点を提供している（Easterlin 1974）。これは，経済成長や金銭的裕福さと主観的な幸福感や満足感との間には正の相関が認められるが，経済成長や金銭的裕福さが一定の水準に達すると，その正の相関関係が弱まってくるというものである。たとえば，フライとスタッツァーは，国民一人当たりの実質平均所得と生活満足度（主観的幸福）との間には正の相関関係があり，とりわけ国民一人当たりの GDP が 1 万米ドルを下回る国において強い相関が見られるが，その水準を上回ると相関が弱くなると指摘している（フライ＆スタッツァー 2005：12-13）。つまり，経済的な豊かさは，主観的幸福感の増進に正の寄与をするが，それは一定の水準までのことであり，ある水準以上の経済的豊かさになると，その効果が弱くなるというのである。

　このような経済学の知見には異論がまったくないというわけではない[3]。しかし，経済的豊かさが幸福感の増進に与える影響には一定の限界があるとする，この種の知見に基づけば，まさに「経済成長だけで人間は幸福になれない」ということになる。それゆえ，幸福の指標化を目指す政策は，幸福に関する経済学的知見によって正当化されていると考えられよう。

1-3　幸福の指標化への疑問

　しかし，ここで検討しなければならないのは，人びとの幸福を指標化しようとする動きが本当に「経済成長だけで人間は幸福になれないから」なのか，それとも本当は違う理由に基づいているのかを問うことである。というのも，先進国ではすでに国民が更なる経済成長を望んだとしても，もはやかつてのような高度な経済成長を実現できない状態になっているのであり，グローバル化や所謂ニューエコノミーの浸透にともなって，労働条件や所得水準などの格差も拡大しているのだ。この格差が拡大した低成長経済下の先進社会においてこそ，幸福と不幸が政治領域で注目されるようになってきている。つまり，経済成長を望んでも実現することが困難なために，人びとの関心や観点を経済的豊かさの追求から幸福の追求へと転換することによって不満を沈黙させようとする政

治的思惑に利用される危険も増してくるのである。また，ジグムント・バウマンは，近代が消費社会と結びつくことによって，人びとは消費的な幸福追求へと強制され，それが「強制された幸福」を作り出しているのではないかという問いを立てている（Bauman 2008=2009：95）。この観点からいえば，幸福指標が作られ，幸福の増進を目指す政策が実施されることによって，逆説的に，人びとがそれぞれの幸福追求から乖離することも考えられよう。

2．幸／不幸の数量化の基盤としてのベンサムの思想

2-1 ベンサムの思想—「最大幸福」と「最小不幸」の思想的基盤

　現代日本の政治家たちが発している「最大幸福社会」や「最小不幸社会」とは，どのような社会を意味しているのだろうか。これを考えるための出発点となるのは，おそらく18世紀の思想家ジェレミー・ベンサムが定式化した「最大幸福」と「最大多数の最大幸福」という考え方であろう。なぜなら，「最大幸福社会」と「最小不幸社会」という言い方はともに，ベンサムの考え方と同じ前提を共有しているからである。その前提とは，幸福や不幸を量的にとらえるという発想（数量化思想の基盤）である。幸福や不幸を質的に把握するのではなく，それを量的に把握できると考えるからこそ，最大幸福や最小不幸といった言い方が成り立つのである。

　ベンサムは，快楽や幸福をもたらす行為が善であり，苦痛や不幸をもたらすものは悪である（功利性の原理：the principle of utility）と考え，人間の正しい生き方として，幸福（快楽）の追求と不幸（苦痛）の回避とを推奨した。個々人が自己の人生において快楽を最大化し苦痛を最小化することは，その人物を最大幸福に導いていく。これがベンサムの最大幸福という原理である。すなわち，この原理は諸個人の私的な倫理規範を表している。これに対して，最大多数の最大幸福は，為政者や立法者が依拠すべき公的な目的を表現している[4]。立法者や為政者は，数少ない人びとにとっての最大幸福の実現を目指すのではなく，最大幸福を実現する人びとを最大化していかなければならない，という

わけである。つまり，最大多数の最大幸福という原理は，個々人の総和としての社会全体の幸福を最大化することを目標とすべきであるという，為政者や立法者が目指すべき目標を意味する原理なのだ。

彼は『道徳および立法の諸原理序説』において，幸福計算法と呼ばれる手続きを提案している。計算というと，私たちはすぐに「1 + 2 = 3」といった数字を使った厳密な計算のことを念頭においてしまうが，ここでの計算は，そうした数字を用いた厳密な計算というよりは，むしろ，人が何らかの行為を選択する際にその結果得られる快楽や苦痛を想像する形で行う損得勘定のような計算のことを意味している。つまり，すべての人びとにとって行為を選択する際の選択基準となっているもの，それがベンサムの幸福計算法なのだ。言い換えれば，幸福計算法とは，ある行為や立法が一般的に社会の幸福や快楽を増大させるのか，それとも不幸や苦痛を増大させるのか，その判定ができれば，その行為や立法の善悪も判断できるというものであった。

このようにベンサムにおいては，幸福や不幸が大小関係として量的にとらえられている。個々人が目指すべきことは自己の幸福の最大化と不幸の最小化であり，それは倫理的に正しい行いとして認められる。そして，為政者や立法者には，自己の最大幸福や最小不幸を追求する人びとの数を最大化することが倫理的な目標として課されているのである。それゆえ，彼にとって，幸福の最大化と不幸の最小化とは，ほとんど同義なものと考えられよう。このことからいえば，現代の政治家たちによる「最大幸福社会」や「最小不幸社会」といった言説も，幸福や不幸を量的に把握した上で，幸福を最大化したり，不幸を最小化したりすることを目指すものであろう。その意味で，現代の政治家たちの発言は，幸／不幸を量的にとらえる点でベンサムの幸福思想と同じ前提を共有している。

ただし，ベンサムは，幸福や不幸を量的な側面でとらえて論じてはいるが，それらを厳密な形で数量的に測定しようとしているわけではないし，幸福や不幸を論じるにあたって，それらを数量的に厳密に測定する必要もなかったのだと考えられる。これとは対照的に，現代の政治における幸福と不幸の問題は，

その数量的な測定とより明確に結びついている。なぜなら，GDPなどの経済指標に代わる幸／不幸の社会指標化が念頭に置かれているからである。幸／不幸の指標化は，必然的に，数量的な形で社会の幸／不幸の測定を前提にしているのである。ベンサムの思想は，幸／不幸を量的に把握する視点を提供することによって，現代の幸／不幸の数量化と幸福指標作りを思想的に準備していたといえよう。

2-2 個々人の幸福と社会との関係――社会唯名論と「社会の消失」

　ここでもうひとつ見ておかなければならないのは，ベンサムが個々人の幸福と社会との関係をどのようにとらえていたのか，ということである。実は，この点にベンサムの思想と幸／不幸の数量化とに関する重要な論点が潜んでいる。その論点とは，彼の思想は「個々人の幸福の単純総和が社会の幸福を表す」という社会唯名論的あるいは原子論的な社会哲学を伴っていることである。言い方を換えれば，ベンサムは，社会は名目として存在しているだけであって，個々人の総和以上のものではないと考えるのである（西尾 2005：4-5）。

　このベンサムの社会哲学は，個々人が集まり相互に関係を取り結ぶことによって社会が形成され，その社会が個々人の総和以上の特性を有しているという，別の社会哲学と対立する。諸々の要素が集まってひとつの全体を形成する場合，あるいは，ある事象が低次の水準からより高次の水準へと発展する場合に，もともとの要素や低次の水準にはみられなかった新たな特性が現れる。この新たな特性のことを「創発特性」と呼ぶが，「社会」にはそれを構成する個々人の特性には還元できない創発特性があると考えるところに，社会学の存在意義がある。いわば，ベンサムの社会哲学は，社会の創発特性を無視し，社会学と対立する思想なのだ。つまり，ベンサムにとって，社会の幸福は個々人の幸福の総和以外には考えられないのであり，個々人の幸福に還元できない「社会の幸福」などはありえないのである。

　ここで考えなければならないのは，現代の先進社会において「最大幸福社会」や「最小不幸社会」というときの「社会」は，ベンサムのいうように，単

に個々人の単純総和に過ぎないのか，それとも，個々人の総和を超えた創発特性をもつものなのだろうか，ということである。このことは，現代社会を生きる私たち全員に突きつけられた問いであろう。

現代の政治動向は，明らかに幸福の社会指標作りへと向かっている。幸福の指標化は，後に詳しく検討するように，個々人の幸福感の度合いを数量的に測定し，その単純加算として社会の幸福度を算出する。このことから考えれば，現代の政治家の発言や幸福の社会指標作りは，社会を個々人の単純総和と見なしているのではないだろうか，と疑ってみる必要があるだろう。もしも仮に，「社会なんて実際には存在せず，存在するのは個々人だけだ」というのであれば，私たちは社会をどのように考えればよいのだろうか。たとえば，平和，安全，自由，平等，人権，民主主義，社会的分業などは，今の社会を生きる個々人だけが築いてきたものではない。これまでの人類の歴史，少なくとも，近代社会の形成過程に関わってきたすべての人びとの思索と行為の上に成り立っているものなのだ。そして，その社会の仕組みを，一人ひとりが社会化（socialization）を通して受け継いできたからこそ，今の社会の仕組みと個々人の今のありようが存在しているのではないだろうか。また，個々人には還元できない他者との関係があるからこそ，人は「個人」としてのアイデンティティを形成できるのではないだろうか。これらのことを考えるとき，社会を個々人の単純総和と見なすことは，「社会」を雲散霧消させるとともに，個々人を孤立させていき，結果として，人びとの社会関係を解体していくことに寄与するのではないだろうか。それは，まさに「社会の消失」を意味するのである。

3．幸／不幸の数量的な測定と社会指標化

3-1　客観的幸福と主観的幸福

第2節で述べたように，幸／不幸をめぐる現代の政治的な動向の背後には，少なくとも，幸／不幸を量的にとらえていく発想があること，そして，社会と個人との関係をどのように考えるのかが，幸／不幸を考える際に重要な要素に

なっていることをみてきた。それでは，社会の幸／不幸はどのように数量化され測定されうるのだろうか。あるいは，幸／不幸の状態を表す社会的な指標はどのようなものと考えられるのだろうか。第3節では，この問題を取り上げてみよう。

　幸福や不幸の度合いを数量的に測定する方法は，主観的幸福（幸福感）を測る方法と客観的幸福（と考えられる諸要素）を測る方法とに大別される。このうち，客観的幸福の測定とは，「個人の意識や感覚とは独立に測定できる資源配分量を測定すること」（浜田 2008：69），すなわち，性，年齢，所得，学歴，職業，地位，健康状態や寿命といった諸資源の配分を数量的に測定するものである。しかし，この場合には，まず「幸福とは何か」あるいは「何をもって幸福とするのか」ということが問題となる。幸福や不幸を客観的なものとしてどのように定義するのかによって，測定する資源や要素に違いが出るのであり，これが決められなければ，幸／不幸の測りようがないからである。しかも，この客観的幸福の測定結果は，人びとの主観的幸福感と一致するとは限らない。たとえば，古典的な経済学は，経済的豊かさや経済成長が人びとの幸福の増進に寄与すると考えてきた。経済的豊かさや経済成長を測定することは，一種の客観的幸福を測定しているわけだが，本章の第1節で既に述べたように，経済的に豊かだからといって，必ずしも人が主観的に幸福だというわけではないのである。

3－2　主観的幸福の測定と指標化

　これに対して，主観的幸福を測定する場合には，「幸福とは何か」という幸／不幸の定義に関する問題は比較的容易に解決される。なぜなら，この場合の幸／不幸は人びとが日常的に感じているであろう「幸福感」と見なされるからだ。「誰でも，日常的に幸／不幸を感じ，それを意識しているはずである」。このように考えることで，主観的幸福が測定可能になる。言い換えれば，ここでの幸／不幸は，日常生活に対する諸々の満足感とほとんど同じものとして扱われている。こうした主観的幸福感を測定するのに最も簡便な方法は，人びとの

主観的幸福感（あるいは満足感）の度合いを調査票調査によって調べることである。具体的にいえば，「現在，あなたはどの程度幸せですか」といった質問をし，「幸せ―やや幸せ―やや不幸―不幸」といった尺度で回答者に自身の幸福感を評定させ，回答してもらう方法（評定尺度法による幸福感や満足感の自己報告）があげられる。

　現在，幸福に関する実証的研究や世論調査，そして幸福指標に関わる調査の多くがこの方法を採用しているが，評定尺度の作り方にはいくつかのバリエーションがある。多くの場合は，5段階ないし7段階の評定尺度を用いるが，内閣府が実施した「平成21年度国民生活選好度調査」では，この幸福感の尺度を0点から10点までの11段階で質問している[5]。

　また，これまでに実施されてきた主観的幸福感に関する実証的な調査・研究では，一般的な幸福感だけではなく，その下位概念として収入や家族や対人関係などに関する満足度（満足感の度合い）や諸要素も測り，各満足度や各要素が一般的な幸福感にどのくらい関係しているのかも調べている。それらの分析結果によると，多くの場合，経済的要素よりも人とのつながりの方が一般的な幸福感を高めるという（大石 2010：264-266）。つまり，経済的な満足感よりも家族や対人関係が良好であることの方が人びとを主観的な幸福に導く可能性が高いということになる。

　ところで，「人びとの幸福感の向上にとって，経済的要素よりも人間関係や社会関係が重要である」とする，この種の学問的知見は，現在では，政治的関心のもとに注目されている。GDPに代わる幸福指標作りを目指す低経済成長下の政治にとって，大きな魅力をもつものになっているのではないだろうか。たとえば，前述の平成21年度の国民生活選好度調査は，「幸福度を表す新たな指標の開発に向けた一歩として，国民が実感している幸福感・満足感の現状を把握すること」が目的とされていた。そこでは，個々人の幸福感の度合いが数量的に測定され，平均の「幸福度6.47点（10点満点で）」と算出されている（内閣府 2010）[6]。これに加え，「あなたの幸福感を高めるために有効な手立ては何ですか」といった質問に典型的にみられるように，人びとの幸福感が政策に

よって増減可能な操作対象と見なされているのである[7]。つまり，現代の先進社会における政治は，幸福感の度合い（幸福度）を測定するとともに，幸福度に影響する諸要素を検討し，人びとの幸福感を増進するためにその知見を活用しようとしているのである[8]。

4．幸福感調査の認識論的諸前提と政治的機能
4-1　幸／不幸の数量化と質的特性の剥奪

　このような主観的な幸福感の度合いと種々の満足度などを測定した調査結果は，現代社会における幸福と不幸のありように関してさまざまな知見を与えてくれるのであるが，その認識論的諸前提を問い直すことは社会学的に重要であると考えられる。なぜなら，もはや幸／不幸が人びとの幸福追求の対象や学問的な関心の対象にとどまらず，政治的関心の対象となり，政策立案に関わる指標の中に内包されつつあるからである。また，幸福感についての調査が，幸福に関する特定の見方（すなわち，特定の「幸福観」）や特定の社会哲学を暗黙のうちに領導しているからでもある。すなわち，個々の人びとに対して幸福感を質問するということの中には，諸々の仮定が前提にされているのであり，それらは暗黙のうちに，特定の幸福観や社会哲学—個々人の幸／不幸は数量的に測定可能であり，個々人の幸／不幸感の総和が社会の幸／不幸を表すと考えるような社会哲学—を伴っているのである。いうまでもなく，この幸福観や社会哲学は，ベンサムが定式化した「最大多数の最大幸福」という考え方に基づいている。これは，社会の構成員たる個々人の幸福を量的に把握し，その総和が当該社会の幸福を表していると見なす考え方だ。それは，宮原浩二郎が指摘するように，均質ではない幸／不幸に関する主観的な個々人の経験を，ある種，暴力的な形で量に変換する考え方でもある（宮原 2004：107）。いわば，主観的幸福感に関する調査は，幸福を量的に把握するというベンサムの考え方を，数量化思想によって具現化する手段を提供している。しかも，社会学の有力な基本的概念（存在被拘束性）に照らせば，個々人の置かれている社会的諸条件によっ

て個々の幸福観は質的に異なると考えられるのだが，この質的に多様な個々の幸福観は，数量化の社会哲学のもとでは，均質なもの，質的に等価なものと見なされることによって，質的多様性を剥奪され，数量として把握されることになるのである。古代ギリシアの哲学者アリストテレスは，数学者は事物を計量するにあたって，「あらゆる感覚的な性質を，たとえば重さや軽さ，硬さとその反対の性質，さらに熱さと冷たさといった，諸々の感覚的な性質を削ぎ落とす」（Aristotle 1857：283）と『形而上学』のなかで述べている。すなわち，数量化とは，本来的には一体の対象の性質を，何らかの基準に基づいて分割して単位化し，その量を数え上げることなのだが，これを行うことによって，その基準ではとらえられない対象の諸性質は削ぎ落とされるのである。

4-2 幸福感調査の認識論的諸前提

このような，幸福感を測定しようとする調査，とりわけ，学問的な問題関心から生じているわけではない世論調査などが有する暗黙の諸前提・仮定を検討する際に参考になるのは，ピエール・ブルデューによる世論調査・社会調査に関する諸論考である。彼は，世論調査の政治的質問の前提と質問に対する回答行為とを分析し，世論調査が果たす政治的な機能を分析（Bourdieu 1979=1990, 1980=1991, 1987=1989）するとともに，調査の社会関係が有する諸問題についても詳細に検討している（Bourdieu et al. 1993）。ブルデューは，世論調査の暗黙の前提として，①誰もが政治的意見をもっており，質問されれば簡単に答えられると仮定されていること，②どの意見もすべて等価であると仮定されていること，③質問することのなかに何らかの合意が形成されていることなどをあげている（Bourdieu 1980=1991：287-302）。そして，世論調査が政治に関する個人的意見を収集しているに過ぎないことを指摘するとともに，政治に関する意見の生産能力が社会的に不均等に分配されていることを示すことによって，世論調査だけではなく民主主義投票制度も，不可視の参加制限制度として機能していることを明らかにしている（Bourdieu 1979=1990, 北條 2003）。

ブルデューの分析を参考にして，幸福感に関する世論調査の諸前提を社会学

的に検討してみると，そこにはさまざまな諸前提・仮定のあることが明らかになる。以下で，それぞれの仮定・前提を簡単に検討してみよう。

(1) 幸福感の度合いを質問するということは，誰でも幸福や不幸を日常的に感じており，質問されれば，今どのくらい幸／不幸なのかを簡単に回答できると仮定することになる。しかし，日常生活においては，誰もが幸福や不幸を感じたり意識したりしているわけではなく，日常生活で幸／不幸を感じる頻度には人によって違いがあるのではないだろうか。実際，筆者自身は日常的に「幸福だ」とか「不幸だ」ということをほとんど意識しないで生活している。これは，もちろん，筆者だけに限ったことなのかもしれない。だが，幸／不幸の度合いだけを聞くのではなく，「幸／不幸を感じたことがあるかどうか」という質問をした場合には，「幸／不幸をどちらも感じたことがない」という選択肢を選ぶ回答者も少数とはいえ存在するのである[9]。だとすれば，すべての人びとが幸／不幸を日常的に感じている（あるいは，それを意識している）わけではないのだから，幸福感の度合いを調査対象者全員に一律に質問した場合には，（幸／不幸を普段意識していない回答者の多くは，その場で質問に合わせて回答を作ってしまうため）結果として，幸／不幸を日常的に意識している人びとの回答と，幸／不幸を日常的にはほとんど意識していない人びとの回答とを混ぜ合わせていることになるのである。この問題は，次に取り上げる前提(2)とも関連している。

(2) 幸福感に関する世論調査では，幸福や不幸について質問することは当然のこととされている。言い換えれば，そこで質問されている「幸福」や「不幸」の意味について，人びとの間で何らかの合意があると仮定されているのである。しかし，「幸福」や「不幸」といった概念は抽象的であるため，それらが何を意味するのかは，人によって異なっているのではないだろうか。たとえば，ある人にとって「幸福」は，達成感や充実感，ドキドキすることを意味するが，また別の人にとっては，心の静寂や安

寧を意味するし，さらに別の人にとっては宗教的な意味合いをもって受け取られる場合もあるだろう。実際，文化心理学などは，文化によって，何を「幸福」と見なすのかに違いがあることを実証してきた（大石 2009：25-45, 北山 2010）。また，社会学の分野でも，宮原がニーチェの論考に基づいて「幸福の高さ」という論点を提出し，幸福の質的な多様性に注意を促している（宮原 2004）。これらをふまえれば，現代日本社会で「幸／不幸」に関する意味の合意があると見なすことはできないだろう。しかも，「あなたはどの程度幸福ですか」といった質問は，かなり親しい関係でもない限り，日常生活ではほとんど聞かれることがないような質問である。そのため，調査における社会関係（調査者—被調査者関係）においては，親しくない人（調査者）から，幸／不幸に関する回答を急き立てられることになり，回答にバイアス（歪み）が生じやすくなると考えられる。

(3) 幸福感に関する世論調査では，その測定にあたり，幸福と不幸との対称性，線形的関係が仮定されている。すなわち，幸福感の度合いを数量化するためには，幸／不幸の度合いを評定尺度化することによって幸福と不幸とを対称的なものと見なし，その線形的関係を想定することになる。しかし，日常会話の語感において，幸福と不幸とは対称的な関係にはなっていないのではないだろうか。たとえば，大村英昭が指摘するように，「薄幸の佳人」とか「幸が薄い」とはいわれるが，「幸が濃い」とか「不幸が濃い」という表現は一般的に使われないし，「幸福の絶頂」とはいうが，不幸の場合は「絶頂」ではなく「どん底」と表現されるのであり，幸福と不幸が単純な二項対立概念としては使用されてはいない。この幸福と不幸の語感上の非対称性は，単に語感だけに限られた問題ではなく，人びとの日常生活における幸／不幸のとらえ方・感じ方に関わっているのだから，人びとに質問することによって回答を聞き出す方法，つまり，調査における幸福感の測定の場合には，とくに重要な問題であると考えられる（大村 2004：206-213）。すなわち，人びとの幸福感の度合いを調べ

るために調査者が作成した幸／不幸対称の評定尺度は，回答者にとって異質で外的な尺度なのである．調査での幸／不幸の測定は最終的に回答者自身の評定に依存するのであるから，測定に用いられる尺度と回答者自身の日常的な尺度とが乖離しているほど，正確に回答できなくなる可能性は高まっていくと考えられる．

(4) 幸福感に関する世論調査においては，調査者が作成した評定尺度を用いて，回答者の誰もが幸／不幸を正確に評定できると仮定していることも重要なポイントである．なぜなら，幸福感の度合いを尋ねる質問に正確に回答するためには，質問で要求されている幸不／幸の測り方（尺度）を理解し，その尺度に合わせて自己の幸／不幸感の変動可能域の上限と下限とをふまえ，現在の幸／不幸の度合いがどのくらいなのかを評定する能力が必要になるからである．それゆえ，要求されている測り方が複雑で，日常生活から乖離しているほど，要求通りに回答できなくなる者が増加すると考えられる．たとえば，前述の平成21年度国民生活選好度調査では，幸福感の尺度を11段階の等間隔の評定尺度（とても不幸を0点，とても幸せを10点とする単尺度）で質問しているが，回答者の誰もがこの尺度の意味を理解した上で，自己の幸福感を正確に評定できるのかはかなり疑わしいのではないだろうか．言い方を換えれば，この尺度での「幸福度5点」とは何のことなのだろうか．幸福と不幸とが均衡している状態なのだろうか．それとも，幸／不幸ともにほとんど感じない状態なのだろうか．日常的に自分の主観的幸福の度合いを，昨日は「4点」，今日は「7点」といった具合に10点法で評定しているような人間—ほとんどいないと考えられるが—でなければ，一概に判断できないと考えられよう．

(5) 幸福感に関する世論調査は，個々の幸福感がどれも等価であり，幸福感の平均値を計算可能だと仮定している．そのため，個々の幸福感の度合いをすべて質的に等価なものとみなし，最終的に平均値を計算する場合がある．世論調査の質問は，すべて「あ・な・た・は…」とか「あ・な・た・の…」といった具合に「個人」に向けられた質問であるが，そこには「個人」

という抽象化された均質な人間像が前提にされている（Bourdieu 1979＝1990，宮原 2004：109）。しかし，個々の主観的な幸福感は，本当に等価なのだろうか。仮に，同じ度合い（たとえば，10点満点で幸福度2点）で「不幸だ」と感じているにしても，自分が苦労して育てた子どもを事故で亡くした親の不幸感と，事故で亡くなった子の級友の不幸感とは質的に等価だといえるのだろうか。また，幸福感の度合いを回答者が自己評定する際の参照基準にはさまざまな要素があり，誰もが同じ基準で幸福感を評定しているわけではないという点も気にかかる。ある人は自分の理想とする状態を想定して幸福感の度合いを評定し，別の人は自分の過去の経験や将来の期待や不安に基づいて評定したり，周囲の他者と比較して自己の幸福感の度合いを評定したりするだろう。このように，人びとの幸福感は質的に異なるとともに，幸福感がどのように生み出されるのかについても多様性が認められる。にもかかわらず，それらの質的な差異は大きな問題とは見なされず，基準の違うものを同じ尺度で測られた度合い（幸福度）として，誰にとっても等価なものと見なしてしまうのだ。

幸福感に関する世論調査が有する，これらの仮定・前提は，一見すると些末で技術的な事柄に見えるかもしれないが，特定の幸福観と数量化の思想とに基づいているのは明らかであろう。これらは，幸福感を測るための方法・技術的操作と一体であるために，なかなか気づかれにくいものでもある。そのため，これらの諸前提・仮定によって，方法論的に特段の問題がない場合ですら，正確に測定しているはずの人びとの主観的幸福感を取り逃がし，結果的に，紛い物を測ることになっているのではないかとも考えられる。しかも，個々の主観的幸福感の度合いを単純加算し，平均値を算出するということは，社会を個々人に分解することによって，社会を個々人の単純総和と見なすことと相同なのである。

5．参加制限制度としての幸福感調査と幸福指標の作成

5-1 調査対象からの特定カテゴリーの排除

　次に検討する必要があるのは，幸福感に関する世論調査における調査対象の選定についてである。国が調査主体として実施する世論調査の多くは，調査対象の選定に関して以下の問題を抱えている。

　平成21年度の国民生活選好度調査を例にすると，調査対象は「全国に居住する15歳以上80歳未満の男女」を母集団に，4,000人の標本を層化二段無作為抽出法で抽出している（内閣府 2010）。この調査では，15歳未満や80歳以上の人びとと，非定住生活（所謂，「住所不定」）をしているホームレスや住民登録していない人びとが最初から調査対象に含まれていないのである。したがって，この調査で測定されている幸福感は，そうした特定カテゴリーの人びとを除いた幸福感ということになる。

　このようなカテゴリーを調査対象から除外することは，国家による世論調査以外でも常態化しており，ほとんど顧みられていない。定住民を無条件に対象にし，非定住民を無視することは，半ば無意識的に常態化され，当然視されているのである（「住民」とは「定住民」のことなのだ）[10]。このことは，もはや調査者の認識論的無意識になっているといえよう。もちろん，ホームレス等の人びとを直接の対象とする調査も実施されているが，このような調査では，特定のカテゴリーだけが対象となり，それ以外の人びと—たとえば「全国に居住する15歳以上80歳未満の男女」—は調査対象に含まれないのである。つまり，ホームレスや80歳以上の高齢者など，特定のカテゴリーとそれ以外の人びととの間には，認識論的であるとともに社会的な断絶が横たわっているのである。

　これに対して，「このような人びとはごく少数に過ぎないのだから，幸福感調査の対象に含めなくても影響は少ない」という反論もあるだろう。もちろん，統計的な観点だけで考えれば，大変もっともな反論であろう。しかし，ここで決して忘れてはいけないのは，「GDPなどに代わる国の社会指標として幸福指標を作るために調査している」ということである。特定カテゴリーの人びとを

最初から除いて考えるのであれば，その除外された人びとは「最大幸福社会」や「最小不幸社会」を目指す政策のなかに最初から含まれていないことになるのではないだろうか。幸福度は，男女別，年代別などのカテゴリーごとに算出されているが，仮に地域別に算出することを考えてみてほしい。少子高齢化と過疎化とが進行している地域では，人口に占める 80 歳以上の比率が非常に高い地域もあるのだ。それゆえ，80 歳以上の人びとを除外して幸福度を算出すると，高齢化と過疎化とが進行している地域であるほど，その地域の実態とは乖離した数値になるのである。このように，幸福感の指標化は国民の幸福の増進・不幸の縮減を目指しているはずであるにもかかわらず，客観的に最も恵まれないであろう特定カテゴリーの人びとを最初から排除していることは重大な問題であろう。

5-2　調査不能標本の問題

世論調査においては，転居，不在，調査拒否といった理由によって調査不能標本が多かれ少なかれ存在する。これは回収率の問題として処理されている。平成 21 年度の国民生活選好度調査の場合，調査員による訪問留置法が使われているが，調査票の有効回収数は 2,900 人，回収率は 72.5% であるから，27.5% の人びとの回答が回収されていないことになる。しかし，回収されなかった標本がどのようなカテゴリーに偏っているのかは問題にされない。そして，彼ら／彼女らがどのような幸福感を有しているのかは顧みられないのである。

この調査不能標本，調査票の回収率の問題には，一般的にいって，都市化やプライバシー意識の高揚（個人情報保護法の成立），雇用の流動化，ライフスタイルの多様化などの影響が考えられる。なかでも，所謂「転勤族」や単身赴任，週末家族，母子・父子家庭，夜間勤務の労働者，ワーキングプアといったカテゴリーの人びとは，標本抽出の段階では対象に含まれていたとしても，実査の段階においては転居や不在などの理由で，データが得られにくくなる。それゆえ，最終的には世論調査のデータ収集網にかからない可能性が高いのではない

だろうか。また，入院加療中の人びと，高齢者施設入所者なども同様である。

5-3 不可視の選別過程・参加制限制度としての幸福感調査

上記で指摘したように，幸福感に関する世論調査は，GDPなどに代わる幸福指標の作成に向けた取り組みであるにもかかわらず，最初から特定カテゴリーの人びとを調査対象から除外し，また回収率の社会的な偏差を考慮せずに回答を集計・分析する方法が採られている。この種の調査の過程は，明らかに選別過程であり，各段階の作業のそれぞれにおいて特定のカテゴリーを排除していくものなのである。ここからわかるのは，ブルデューが世論調査の分析で指摘したのと同様，幸福感調査と幸福の社会指標化に向けた取り組みが，隠蔽された「参加制限制度」として機能しているということである（Bourdieu 1979=1990）。世論調査のデータ収集網にかからない人びと，世論調査で排除されるカテゴリーは，社会的弱者であると考えられるが，こうした弱者を除いて幸福感を測定すれば，幸福感の度合いの平均値は実態よりも高くなると考えられる。また，調査から除外されることによって，この弱者たちの「幸福度」や生活実態と見解とが汲み取られることはなく，幸福感を高めるための政策のなかに決して反映されないのである。しかも，標本調査によってデータを収集する以上，調査対象に選ばれなかった人からすれば，いつの間にか国民の幸福度が測定されているという事態になる。それゆえ，幸福感に関する世論調査の政治的機能は，特定の人びとを排除し，有効調査票として回収された人びとの幸福感だけを発表することで，特定カテゴリーを除いた人びとの社会統合に象徴レベルで寄与し，特定のカテゴリーの存在を不可視化することなのではないだろうか。

6．世論から「世感」へ—世論に基づく政治から幸福感覚に基づく政治へ

6-1 幸福度平均値の実体化

幸福感に関する世論調査では，ここまでで述べてきたように，さまざまな仮

定を前提とすることで，幸福感の度合いが数量的に測られている。この作業過程によって，日常生活を生きる人間の感覚や意識のうちでは言語的・質的に把握されているであろう幸／不幸の状態や，その状態に関する感覚・意識が数量的な度合いに変換される。それは人びとの幸／不幸の状態をありのままにとらえているのではなく，特定の幸福観からとらえた幸／不幸のありようの一側面を表現しているに過ぎないのだ。しかも，その幸福感も，特定カテゴリーの人びとを除外した結果得られたものだ。

　こうして得られた調査結果は，幸／不幸の質的な多様性を隠蔽し，個々人の幸福感の度合いを単純に加算して，「平均的な幸福感があるのだ」という見方を醸成していくことに寄与する。しかも，こうした調査結果が公表されると，数値が一人歩きをはじめ，数量的な幸／不幸が何らかのリアリティをもっているかのように実体化して受けとられるようになる。実際，平成21年度の国民生活選好度調査の結果が内閣府から発表されると，各マスメディアが一斉にその調査結果を報道したが，たとえば，朝日新聞は「日本人の幸せ6.5点」との見出し記事で報道し，幸福度の平均値を「ある典型的日本人の『幸福度』」と表現した（『朝日新聞』朝刊2010年4月28日付）。ここでは，本来的に数量的な構成概念に過ぎない指標としての平均値が，何らかの実在性をもつものとして受けとられている。また，同じ調査結果について，産経新聞は「100点満点で65点」と表現し，調査結果を読解するにあたって，あたかも学力テストの平均点と同じような論理を適用している（『産経新聞』朝刊2010年4月28日付）。この背後には，国民全員がより高い幸福度を目指し，政治は幸福度100点を目指すべき（すなわち，最大多数の最大幸福）という発想が透けて見えるが，ここで考えるべきは，幸福度が満点なら問題はないのかということである。所得をはじめとするさまざまな格差が拡大し，雇用・労働条件の多様化が進んだ先進国の社会で，主観的な幸福度を満点に限りなく近づけようとすることが一体何を意味しているのか考えることは，おそらく重要な課題である。なぜなら，ブータンのように，人口が少なく，社会的諸条件の均質性が高い社会（格差の小さい社会）であれば，幸福度の平均値を算出しても，その値の統計的な代表

性には意味があるが，人口が多く，社会的な格差が大きい社会であるほど，平均値の代表性は低くなると考えられるからだ。このことを考えると，いずれの新聞報道の場合も，幸福度の平均値だけを過大に取り上げ，その離散性にはほとんど注目していないことには注意が必要であろう。統計的にいって，個々の幸福度の離散性が大きいほど，平均値の代表性自体は低くなっていく。それゆえ，平成21年度国民生活選好度調査の結果について，平均の幸福度よりも，むしろ幸福度の離散性に注目する必要があるといえよう。幸福度の離散性に注目しなければ，さまざまな社会的格差や差異を見逃すことになるのである。

6-2 統計的な数値と現実認識

　ここで参考になるのは，ダニエル・ブアスティンの「統計コミュニティ」という指摘と，エミール・デュルケムが指摘した「通俗的観念（予先観念）」の作用である。ブアスティンは，国家の統計体系が整備され，さまざまな社会・世論調査が行われるにしたがって，人びとが統計的な数値のなかに自らを位置づけていくようになったと指摘している。「…統計には，事実を標準に変える傾向があった。…ますます多くのアメリカ人が，ますます多くの生活局面において，統計に頼っては，そこに事実を探すだけでなく，標準をも求める。彼らは，社会という鏡のなかで自分を見る（そして自分を探す）」(Boorstin 1970 = 1990：35)。すなわち，人びとの社会生活に関わる事柄が数量的に測定され，それらが統計的な数値として発表されるようになると，人びとは，統計的数値のなかに，自らのアイデンティティを見出すようになるということである。このことを平成21年度国民生活選好度調査に当てはめていえば，「日本人の幸福度6.5点」という数値を見て，人びとは「東欧より幸福度が高くて良かった」と思ったり，あるいは，男性の幸福度よりも女性の幸福度が高いことを知って，「女性に生まれて良かった」と思ったりするようになるということである。

　また，エミール・デュルケムは，有名な『社会学的方法の規準』のなかで，「通俗的観念」の作用を指摘している（Durkheim 1960=1978：71-100）。人は観念あるいは概念を通してしか現実を感知できないのであるから，その概念のな

かに現実を見出してしまうのだ。それゆえ、現実を感知するための概念がどのようなものであるのかによって、現実に関する認識は変化してしまう。「幸福度」という概念が作られれば、人はその幸福度という数値のなかに現実を見出さざるをえないというわけである。

たとえば、「偏差値」が発明されたことによって、「学力」は偏差値という数値で測られることになった。しかし、偏差値だけで学力のすべてが測れるわけではない。これと同じように、本来、「幸福度」という数値だけで、幸福や不幸のすべてがわかるわけではない。にもかかわらず、人は幸福度という数値のなかに、自分たちの現実を見出し、自分たちをその数値のなかに位置づけてしまうのである。それゆえ、社会的世界に関する新しい概念や統計的な数値を創り出し、社会に発信することは、現実の見方を変更する政治的な機能—象徴暴力（violence symbolique）[11]—を発揮するのである。

6-3 指標化の象徴暴力的機能と主観的感覚の総和に基づく政治

これまでに見てきたように、幸福感に関する調査やその数量的な指標化は、特定カテゴリーを除外した上で、個人的幸福感の総和から計算された「平均的な幸福感」という数値を実体化し、現代社会を生きる個々人の幸／不幸の質的な多様性を隠蔽する、象徴暴力的な機能を果たすと考えられる。現在の政治的関心は、もはや客観的な幸／不幸や、幸福を追求する人びとの選択肢・潜在的可能性の増大[12]といった発想にとどまらず、人びとの主観的な幸福感の領域にまで踏み込んできている。それは、人びとの幸福感を調べ、それを政策によって操作しようとする政治なのだ。かつてブルデューは、世論調査の結果に基づく政治のあり方を分析し、世論調査で測定されるような「世論なんてない」と批判した（Bourdieu 1980=1991：287-302）。同じように、佐藤卓己も、公的な議論を通して形成された「輿論（よろん）」と世論調査によって表現される「世論（せろん）」とは異なるものだと指摘している（佐藤 2008）。しかし、本章で論じてきた政治動向—すなわち、人びとの幸福感を調査して幸福の社会指標を作ろうとすることと、それに基づいて人びとの幸福感を増進しようとする政治—は、す

でに遥か先を歩んでいるのではないだろうか．それは，政治的問題に関する人びとの意見・見解を質問する世論調査の結果に依拠するのではなく，人びとの幸福感の度合いを質問する調査結果に依拠しているのだから，もはや世論に基づく政治などでもなく，人びとの主観的幸福感覚に基づく政治—いわば，「世感(せかん)」に基づく政治なのだ．「世論」が政治的問題に関する世間一般の意見や見解であるとすれば，ここで筆者が呼ぶ「世感」とは「世間の人びとの主観的感覚の総和」のことを意味している．民主主義政治とは，近代以降，政治をめぐる議論，政治的問題に関する意見の交換，討議に基づくものだったはずである．しかし，現在では次第に，政治的意見や議論よりも，人びとの主観的感覚が重視されてきているのではないだろうか．しかも，この動きのなかで，幸福や不幸はもはや質的なものではなくなり，単に数値になっていくだろう．これまで人びとがGDPという数値のなかに経済的豊かさを見出してきたとすれば，これからは幸福の社会指標（幸福度）という数値のなかに人は「幸／不幸」を見出そうとすることになるわけだ．人びとの幸福追求は，このような数量化された現実を生きるなかで営まれていく．この動向が今後もますます進展すれば，将来を生きる人びとにとっては，次のような言葉が日常生活で交わされるようになるのではあるまいか．「みんなに祝ってもらった誕生日，これって幸福度85点だよね」などと[13]。

【注】

1）本章は，2011年発表の拙稿（「幸福の指標化と政治—世論に基づく政治から幸福感覚の政治へ」春日清孝・楠秀樹・牧野修也編『〈社会のセキュリティ〉は何を守るのか？—消失する社会／個人』学文社，pp.35-62）に，幸福の社会指標化に関する近年の動向を加筆するとともに，若干の補筆・修正を行い，新たなタイトルを付したものである．

2）これ以降，2014年までに数回の「生活の質に関する調査」が実施されている（内閣府経済社会総合研究所 2012）．

3）たとえば，広井良典は「所得が低いレベルでは『幸福』と所得水準との相関が強いと本当に言えるのか…中略…，そもそも『幸福』という，個人を単位と

した，ある意味で"近代的"な価値尺度を普遍的なものと考えてよいか。マクロの『幸福』よりもミクロのレベル，あるいはむしろ『不幸』（を減らすこと）を問題とすべきではないか等々」の疑問がありうるだろうと述べている（広井 2010：296-297）。

4）西尾孝司によれば，ベンサムの「最大多数の最大幸福」という原理は，「≪立法者≫の目指すべき公的な倫理規範であり，その立法が実現すべき目的である」（西尾 2005：3）。

5）具体的にいえば，「平成21年度国民生活選好度調査」では，問1で「現在，あなたはどの程度幸せですか。「とても幸せ」を10点，「とても不幸」を0点とすると，何点くらいになると思いますか。いずれかの数字を1つだけ○で囲んでください」と質問し，0点から10点までの11段階の評定尺度を採用している（内閣府 2010）。第1回生活の質調査においても同様の評定尺度が用いられている（内閣府経済社会総合研究所 2012）。

6）平成21年度国民生活選好度調査の結果では，幸福感の平均値は6.47とされ，幸福度「5」を選択する者が多いほか，デンマークや英国と比べ低い点数をつける者が多かった（内閣府 2010）という。第1回生活の質調査でも，幸福観の平均値は6.6であり，ほぼ同傾向の結果であった（内閣府経済社会総合研究所 2012）。

7）最も典型的なのは，問4の「あなたの幸福感を高めるために有効な手立ては何ですか。次の中から，あなたのお考えに最も近いものに2つまで○を付けてください」と，問5「企業や事業者による次のような行動のうち，その職場で働く人々や社会全体の幸福感を高めると思うものは何ですか。最も重要と思うものに3つまで○を付けてください」，そして，問6「国民全体，社会全体の幸福感を高める観点から，政府が目指すべき主な目標は何だと思いますか。最も重要と思うものに5つまで○を付けてください」という3つの質問である（内閣府 2010）。これらの質問は，明らかに，人びとの幸福感を政策によって操作しようという意図が表れているといえよう。

8）おそらくは，こうした調査によって，経済的要素よりも人間関係・社会関係の方が重要であることを確認しようとしたのかもしれない。しかし，その結果としては，主観的な幸福度に影響する要因は，①健康69.7%，②家族関係66.4%，③家計状況65.4%（複数回答で選択，4位以下省略）という順番であり，家計状況の影響も無視できない値であった（内閣府 2010）。この調査結果は，幸福の指標化の問題とは別に，現代の少子高齢化，無縁社会化，経済的格差や雇用・労働の実態，並びに，そこでの幸／不幸のありようの深刻さを物語っているのではないだろうか。

9）筆者らが2006年に東京都23区民を対象に実施した意識調査（回収率60.3%，回収調査票数724票）では，幸／不幸の「どちらも感じたことがない」という回答は2.8%であった（竹内・宇都宮 2010：289）。ただし，この調査での質問文は，「あなたは，これまでの人生において，幸福だと感じたことと，不幸だと感じたことのどちらが多かったように思いますか」というもので，今までの人生での幸／不幸経験を聞いている。そのため，日常的にほとんど幸／不幸を感じていない人であっても，他の選択肢（「幸福だと感じたことのほうが多い」，「不幸だと感じたことのほうが多い」，「どちらも同じくらい感じた」）を選ぶ場合が多かったと考えられる。したがって，幸／不幸を日常的にはほとんど感じない人は，前述した回答率2.8%よりも確実に多いと推定できる。なお，この意識調査は，2004から2006年度にかけて科学研究費補助金基盤研究（B）を受けた研究「現代日本社会における『呪術』の意義と機能について」（課題番号：16330105，研究代表者：宇都宮京子）にて実施したものである。
10）西澤は，ホームレスなどの非定住的なカテゴリーの人びと（都市下層）がいかに社会的に排除されてきたのかを詳細に検討している（西澤 2010）。本章の分析は，西澤が指摘している特定カテゴリーの排除と不可視化の問題を，統計数値や世論調査データの社会的構築過程の検討に応用する試みでもある。
11）この「象徴暴力」とは，客観的な力関係に依拠しつつ，それを隠蔽することによって，本来的には恣意的な意味を正当な意味として押し付ける意味論的な暴力のことである（Bourdieu 1977, Bourdieu et Wacquant 1992 = 2007 などを参照のこと）。
12）たとえば，人間開発指数（HDI: Human Development Index）などに具現化した幸福観があげられる。HDIは，国連開発計画（UNDP）が採用する指標で，出生時平均余命，成人識字率と総就学率，一人当たりGDPという3要素を指数化した指標である。この指数が高いほど，人びとの選択肢が多い社会，すなわち，人びとの潜在的な可能性が発揮しやすい社会と考えられる。
13）実際に私たちは，これまでは使っていなかった数量的な言い回しで自分のことをとらえ，表現することがある。たとえば「120%頑張りました！」とか「200%の笑顔」といった表現がそれに当たるだろう。

【参考文献】

Aristotle, (1857) John H. M'Mahon (Tr.), *The Metaphysics of Aristotle*, London: Henry G. Bohn.

Bauman, Zygmunt, (2008) *The Art of Life*, Polity Press. (= 2009, 高橋良輔・

開内文乃訳『幸福論―"生きづらい"時代の社会学』作品社）

ベンサム, J. 著, 山下重一訳, (1979)「道徳および立法の諸原理序説」『ベンサム・J. S. ミル』（世界の名著 49 中公バックス）中央公論新社

Boorstin, Daniel J., (1970) *The Decline of Radicalism: Reflections on America Today*, Random House; Vintage Books.（= 1990, 鈴木富郎訳『現代アメリカ社会―コミュニティの経験』世界思想社）

Bourdieu, Pierre, (1977) "Sur le pouvoir symbolique", *Annales*, 3, mai-juin, pp.405-411.

――, (1979) *La distinction: Critique sociale du jugement*, Paris: Éditions de Minuit.（= 1990, 石井洋二郎訳『ディスタンクシオン―社会的判断力批判』Ⅰ・Ⅱ, 藤原書店）

――, (1980) *Questions de sociology*, Paris: Éditions de Minuit.（= 1991, 田原音和監訳『社会学の社会学』藤原書店）

――, (1987) *Choses Dites*, Paris: Éditions de Minuit.（= 1990, 石崎晴己訳『構造と実践』藤原書店）

Bourdieu, Pierre, avec Loïc J. D. Wacquant, (1992) *Réponses*, Paris: Éditions du Seuil.（= 2007, 水島和則訳『リフレクシヴ・ソシオロジーへの招待―ブルデュー, 社会学を語る』藤原書店）

Bourdieu, Pierre, et al., (1993) *La Misère du monde*, Paris: Éditions du Seuil.

Crosby, Alfred W., (1997) *The Measure of Reality: Quantification and Western Society, 1250-1600*, Cambridge University Press.（= 2003, 小沢千重子訳『数量化革命―ヨーロッパ覇権をもたらした世界観の誕生』紀伊國屋書店）

Durkheim, Émile, (1960) *Les règles de la méthode sociologique*, 14^{e}éd., Paris: P. U. F.（= 1978, 宮島喬訳『社会学的方法の規準』岩波書店）

Easterlin, R., (1974) "Does Economic Growth Improve the Human Lot?" in P. A. David and M. W. Reder (eds), *Nations and Households on Economic Growth: Essays in Honor of Moses Abramovitz*, New York: Academic Press.

フライ, B. S. & スタッツァー, A. 著, 佐和隆光監訳, 沢崎冬日訳 (2005)『幸福の政治経済学―人々の幸せを促進するものは何か』ダイヤモンド社

Hacking, Ian, (1990) *The Taming of Chance*, Cambridge University Press.（= 1999, 石原英樹・重田園江訳『偶然を飼いならす―統計学と第二次科学革命』木鐸社）

浜田宏 (2008)「幸福の測り方」高坂健次編『幸福の社会理論』（放送大学教材）放送大学教育振興会, pp.66-77

広井良典 (2010)「幸福と人間・社会：創造的定常経済システムの可能性」『科学』

Vol.80 No.3 岩波書店，pp.295-299
北條英勝（2003）「社会調査における無回答から声なき人々の社会分析へ—世論調査の無回答に関するブルデューの分析の応用」宮島喬・石井洋二郎編『文化の権力—反射するブルデュー』藤原書店，pp.43-63
北條英勝（2010）「現代社会における『幸福』と『不幸』」『比較思想研究』第37号，比較思想学会，pp.28-36.
北山忍（2010）「洋の東西で幸福感にどのような違いがあるか」『科学』Vol.80 No.3，岩波書店，pp.267-275
高坂健次編（2008）『幸福の社会理論』（放送大学教材）放送大学教育振興会
見田宗介（1965）「現代における不幸の諸類型」『現代日本の精神構造』弘文堂，pp.1-56
宮原浩二郎（2004）「ニーチェと幸福の高さ」『先端社会研究』創刊号，pp.107-129
永井義雄（2000）『自由と調和を求めて—ベンサム時代の政治・経済思想』ミネルヴァ書房
永井義雄（2003）『ベンサム（イギリス思想叢書7）』研究社
内閣府（2010）「平成21年度国民生活選好度調査」内閣府Webページ
http://www5.cao.go.jp/seikatsu/senkoudo/senkoudo.html（2010年12月25日最終アクセス）
内閣府経済社会総合研究所（2012）「生活の質に関する調査結果」内閣府経済社会総合研究所Webページ
http://www.esri.go.jp/jp/prj/current_research/shakai_shihyo/survey/survey.html（2017年1月17日最終アクセス）
西尾孝司（2005）『ベンサムの幸福論』晃洋書房
西澤晃彦（2010）『貧者の領域—誰が排除されているのか』河出書房新社
大橋照枝（2010）『幸福立国ブータン—小さな国際国家の大きな挑戦』白水社
大石繁宏（2009）『幸せを科学する—心理学からわかったこと』新曜社
大石繁宏（2010）「幸せを科学することは可能か？」『科学』Vol.80 No.3, 岩波書店，pp.262-266
大村英昭（2004）「幸福と不幸の臨床社会学」『先端社会研究』創刊号，関西学院大学出版会，pp.203-263
佐藤卓己（2008）『輿論と世論—日本的民意の系譜学』新潮社
竹内郁郎・宇都宮京子編（2010）『呪術意識と現代社会—東京都二十三区民調査の社会学的分析』青弓社

第3章 情報通信技術がもたらす社会変動とリスク
―― ネット炎上を考える

　「ネット炎上」は、なぜ生じるのだろうか？　それは、私たちが個人的な注意を払うだけでは、今日のネットワーク化する情報社会を「安心安全」に渡っていかれないほどの大きな変化が生じているためである。情報通信技術（Information and Communication Technology：ICT）を備えたさまざまなデジタル機器や、それらが提供する情報ネットワークとサービスは、私たちの便利で豊かな暮らしに不可欠のものとなった。インターネットは、誰もが「フリーに（自由に・無料で）」不特定多数と双方向的に情報を送受信できる新しいメディアとして登場し、私たちにマスメディアの「私化」をもたらした。他方で、デジタル機器の普及は、そのログ（行動履歴や投稿内容）として膨大なビッグデータを刻々と産出し続け、私たちは「検索する」だけでなく「検索される」対象ともなった。こうした急激な社会変動に対して、人びとのものの見方（認知図式）や振る舞い方（行動様式）の変化は緩やかであり、両者のずれによって情報セキュリティ上の新しい問題構造が生み出されているといえる。

　ネット炎上とは、投稿内容に問題があるとして投稿者に非難が集中することであり、それゆえ「自業自得」「自己責任」だと見なされがちである。しかし、炎上が起きないように個人の努力だけで完璧な予防を目指すことは難しく、かといって、過度な技術的・法的規制が蔓延すればインターネットの自由や便利さが損なわれてしまいかねない。そこで、個人的・組織的なセキュリティ戦略について概観し、ネット炎上を可能にするICTと人びとの変化について改めて振り返り、情報社会について考えるヒントとしたい。

1．ネット炎上——技術がもたらす変化とリスク

インターネット上での友人とのやりとりは，誰に見られているかわからない。だから，投稿内容にはじゅうぶん気をつけよう——このような注意喚起を，私たちは幾度となく受けてきた。にもかかわらず，「ネット炎上」がなくならないのは，なぜだろうか。

それはおそらく，私たちが個人的な注意を払うだけでは，今日のネットワーク化する情報社会を「安心安全」には渡っていけないほどの大きな変化を，身近なスマートフォンやパソコンがもたらしているためであろう。本章で概観していくように，情報通信技術（以下，ICT）の進展は，私たちの社会や生活に大きな変化を引き起こしている。しかし，それを利用する私たち自身のものの見方（認知図式）や振る舞い方（行動様式）は，日進月歩で進展する技術と同じスピードで一緒に変わっているわけではない。そのため，旧態依然とした私たちの認知やネット上での行動が，変化する情報社会との間に，ずれを生じ始めているのである。

ツイッター（twitter）やフェイスブック（facebook）など，人と人との社会的なつながりを支援するサービスの提供サイトを「ソーシャル・ネットワーキング・サービス」（以下，SNS）と呼ぶ。SNSにおける「ネット炎上」の分析にはさまざまな切り口があるが，本章ではICTがもたらす社会変動の観点から考えていきたい。

それでは，ICTの進展が引き起こす社会変動とは何か。ここでは主に，2つの変化に注目しよう。ひとつは，新しいメディアの登場による変化である。新聞・書籍などの活字メディアや，ラジオ・テレビなどの放送メディアの時代には，大手マスコミが取捨選択した情報や知識が「一方向的」に社会へと発信された。これに対し，インターネットがパソコンやスマートフォンと共に普及すると，誰もが自由に意見を表明したり作品を投稿したりできるようになった。言い換えれば，ネット上に投稿した個人の見解や作品が，社会に広く共有される可能性をもつようになったのである。このように，インターネットという情

報通信メディアは，私たち一人ひとりを情報の受け手（受信者）としてだけでなく，情報の発信者（送信者）へと変えた「双方向的」なメディアといえよう。

　もうひとつの変化は，情報資源としての「ビッグデータ」の発見である。私たちは日々，スマートフォンやパソコンを用いて，SNS上で交流したり，地図や乗換案内を参照したり，ニュースや趣味のサイトで情報収集したり，動画やゲームを楽しんだり，検索サイトで調べ物をしたり，ネット通販を利用したりする。するとICTは，その利用ログとして行動履歴や投稿内容など膨大なデータを刻々と産出する。これら膨大なデータを収集・蓄積することで，個々のユーザー（利用者）の興味関心や購入傾向を分析したり，人工知能（AI）の機械学習のデータベースに用いたりと，さまざまな分野への活用が模索されている。

　あまりに身近すぎて気づきにくいが，私たちの手の中のスマートフォン，そして机の上にあるパソコンは，こうした変化を社会にもたらす最先端の情報通信メディアである。このように便利になった情報通信環境は，私たちを「幸せ」にするばかりではない。自らの投稿によって，意図せず激しい非難を集めてしまうネット炎上が，その一例である。ネット炎上が生じるメカニズムを社会の変化と結びつけて読み解くことは，私たちの生きるこの情報社会について，大局的な視点から振り返ることを意味している。

　本章では，ネットワーク化する情報社会のなかで，人びとのものの見方（認知図式）や振る舞い方（行動様式），そして知識や情報といった社会的な知の在り方が[1]，どのように変容しうるかという現在進行中の変化について，またネットワーク化された社会のセキュリティ（「安心安全」）について，マスメディアの変容とビッグデータの登場の両面から考えていく。

2．マスメディアと知の変容

　ICTの進展が，私たちの社会に及ぼす影響のひとつ目は，マスメディアの変化である。マスメディアは，単に情報や知識を伝達するだけでなく，均質的

な価値観や見解（認知図式）を広域で同時に共有させることにより，共同体（社会集団）を動員する力を有する。

マスメディア登場「以前」には，B. アンダーソンのいう「集団的に想起された共同体」として，宗教共同体と王国が存在した。宗教共同体は（儀礼や儀式における）聖なる言語を，また王国は血統を，（いずれも身体性を）共同体の基盤としていた。やがて，新聞などの活字メディアが登場すると，共同体にとって重要とされる情報がより広範囲に伝えられるとともに，標準化された母語として「印刷語」が共有され固定されていった。こうして，自他の境界線として国民意識が育まれるようになり，国民国家誕生の礎になった（Anderson [1983] 1991=2007）。今日のネット・スラングなどもまた，特有の価値観や仲間意識を育む働きをもつものかもしれない。

技術革新によって新たに登場した情報通信メディアは，私たちの考え方（認知図式）や振る舞い方（行動様式），そして知の在り方にどのような変化をもたらしたのだろうか。まずは，マスメディアの歴史的変遷と知の変容について概観しよう。

2-1　活字メディアの登場

かつて，知識や情報すなわち「知」は，口から耳へと「身体」を介して伝えられた。「物語」とは，文字通り「語られた物」を意味した。しかし，口承された内容は，語り継がれるにつれて正確さを失ってしまう。そこで，社会的に重要な知を，身体から引き離して外在化し，正確に継承・伝播するという目的で作成されたのが，手で「書かれた物」である「書物」（や巻物）であった。書物の原本（オリジナル）は非常に貴重で，ときに神聖なものとされ，入手困難であった。原本を手書きで複製した写本も作られたが，作成に膨大な時間と人手が必要な貴重品・贅沢品とされた。そのため，書物を集めて独占することは豊かさと権力の象徴となり，国王や貴族，富豪たちは競って自らの蔵書数を世界に誇った[2]。

大きな転換点となったのは，印刷術の発明である。15世紀半ばに，ドイツ

の金細工職人グーテンベルクが活版印刷を考案した。金属加工の技術を活かして鋳造した合金の活字を，文章に沿って並べて活版を組み，ぶどう圧搾機を改良したプレス印刷機で，絵画用油から開発した良質なインクを用いて，紙に「印刷」する——個々の技術は既知のものであったが，それらの組合せによって考案された活版印刷は，「正確かつ反復可能な形式で」無限に複製する革新的な技術となった（McLuhan 1964（2003）：215 = 1987：159）（吉見 2004：84）。歴史に新しく登場した「印刷物」は，知を素早く正確に量産し，広範囲に届けることを可能にした。いわば，書物が「ハンドメイド」だったのに対し，印刷物は知の「大量生産」を実現した[3]。不特定多数の人びとへ知識や情報を届ける「マスメディア」としての活字メディアは，このような発展を遂げてきた。

「マスメディア（活字メディア）」の普及は，貴重品・贅沢品であった書物を権力者が独占した時代から，大量生産された印刷物を通じて知が広く人びとに共有される時代への移行を促した。同時にそれは，読み書き能力（リテラシー）を教える教育システムの普及と表裏一体であった。こうして，貧富の差が生み出す「知の格差」を解消する道が拓かれたといえよう。印刷物の製造と販売を専業とする出版社・新聞社が次々と設立され，読者層の広がりとともに，マスコミ業界は社会的に共有されるべき知を発信する社会的役割を負うようになった。やがてマスメディアは，人びとの政治参加を促し，世論形成に大きな影響を与える存在となった。

2-2 放送メディアの普及

20世紀初頭には，ラジオ放送が開始された。これは，船舶の連絡手段として開発された無線通信の技術を転用し，一般家庭へ娯楽として音楽を届ける構想に由来している。これにより，コンサート会場にいた人だけが聴いていた音楽を，不特定多数の人びとに向けて放送するという，新しい「マスメディア（放送メディア）」が誕生した。やがてラジオは，音楽だけでなく，スポーツの実況中継，ニュース報道，講演などを番組に加えて，人びとの生活に不可欠な全国的メディアへと成長していった。

音声を放送するラジオに対し，1920年代には，視聴覚に訴える新たなマスメディアとして，映像を放送するテレビの技術開発や放送実験が各国で始まった。テレビの定時放送が世界で初めて開始されたのは，第二次世界大戦中のナチス・ドイツ下であるといわれる。そこでは，音楽やスポーツ中継といった娯楽番組の合間に，ヒトラーの演説など党のプロパガンダが放送された。

戦後には，欧米や日本で急速にテレビが普及し，その広告効果に注目した企業がスポンサーとなって，さまざまな番組が放送されるようになった。大衆消費社会の到来は，テレビ放送が生み出した全国的なブーム（流行）と不可分に進行した。加えて放送メディアは，いったん受信装置（ラジオやテレビ本体）を購入すれば，コマーシャル視聴と引き換えに，娯楽番組，報道番組，教養・教育番組などの多様なプログラムを無料で視聴することができる。これにより，一般庶民や，読み書きのできない（リテラシーのない）人びとへも，広く知へのアクセスが開かれることとなった。たとえば，アメリカのテレビ番組「セサミストリート」は，貧困層や移民の子どもたちに英語の読み書きを教える教育番組として放送されている。

他方で，テレビの視聴では，次々と流れる刺激的な映像に身を委ね，受動的に情報を「消費」しがちであることが問題視された。N. ポストマンは，テレビの登場が子どもと大人という区別を喪失させると警告している。たとえば，本や雑誌（印刷物）が提供する知識・情報は，綴りや漢字などの読み書き能力（リテラシー）に応じて，また物理的な入手方法においても，読者を制限することが可能であった。また，「子どもにはまだ早い」とゾーニング（棲み分け）することは，知的・感情的な能力の発達過程にある年少の読者に道徳感情（羞恥心）を教えることで，「暴力や性，利己主義の衝動」（Postman [1982] 1994：86=2001：129）へと不用意に晒さないようにし，彼らを社会的に守る働きを有していた。しかし，テレビが一般家庭に普及すると，年齢に応じたリテラシーや読解力とは無関係に，誰もが（年少の子どもたちでも）映像を視聴して情報に触れられるようになった。もちろん，深夜枠など放送時間帯によってゾーニングは試みられている。とはいえ，こうした問題は今日，インターネットの普

第3章 情報通信技術がもたらす社会変動とリスク　73

表3-1　マスメディアの種類

登場時期	マスメディア	メディアの名称	主要な視聴手段	主要な表現方法
15世紀半ば	印刷物	活字メディア	新聞や書籍	文字，画像（写真）
20世紀初頭	ラジオ	放送メディア	（受信機としての）ラジオ	音声
20世紀半ば	テレビ	放送メディア	（受信機としての）テレビ	映像（動画）
20世紀後半	インターネット	情報通信メディア	パソコンやモバイル端末[4]	文字，画像，音声，映像

及とともに，いっそう深刻な様相を呈している。スマートフォンからもアクセス可能なインターネット上の情報は，ユーザーの年齢や社会経験とは無関係に，また時間帯による棲み分けも不可能なまま，ユーザーを過激な暴力や性的表現，もっともらしい虚構へと晒し，真偽を熟考することなく鵜呑みにさせているとする指摘も多く見受けられる。

3. マスメディアとしてのインターネット

　20世紀半ばに情報科学という学問分野が誕生し，コンピュータが開発された。コンピュータ技術のルーツには諸説あるが，人間の計算能力を遥かに凌駕する「電子計算機」は，戦時下の暗号読解や弾道計算といった軍事用途に始まり，戦後には官民におけるデータ分析や製品管理・販売戦略等へも広く応用されるようになった。他方で，コンピュータを「情報通信機器」として活用する道が模索され，コンピュータ同士で情報を共有できる「インターネット」が構想された。1969年には，アメリカで4つの大学の研究室にあるコンピュータのネットワーク化に成功した。やがて，個人向け（パーソナル）コンピュータ（いわゆる「パソコン」）が商品化され，汎用OS（Windows）の登場とともに1990年代になってパソコンが一般家庭にも普及した。また2000年代半ばには，ネット接続機能を備えたスマートフォンが急速に広がり，身近な情報収集・コミュニケーションのためのツールとして定着した。

3-1　知の民主化への期待と現状

　インターネットは上述のとおり，4つの大学の研究者間で，学術的な交流のため「フリーに（自由に・無料で）」知を共有するという理念のもと開発された。言い換えれば，経済格差や地域格差とは無関係に，誰もが「フリーに」知識や情報にアクセスしたり自ら提供したりできることが目指された。実際，ネット上では紙面や放送時間といった物理的制限もなく，それゆえ大手マスコミに情報を取捨選択されることもなく[5]，各自の意見や考えを自由に公開することができる。インターネットは当初，このように誰もが世界と自由につながり，立場の異なる他者と熟議できる「知の民主化」をもたらすものとして，大いに期待された。

　しかし，現状はどうであろうか。インターネットに溢れる多様で膨大な情報を前に，ひとつひとつ熟読することを諦めて，自分にとって興味関心のある話題や，自分の意見に親和的な記事だけを拾い読みしがちである[6]。大手マスコミによる情報の取捨選択と偏向が非難される反面，ネット上の動向を取捨選択して紹介するまとめサイトもまた偏っていることに，どの程度注意が払われているだろうか。このように，ネット上では多種多様な情報や意見に触れられるという意識（認知）とは裏腹に，私たちは気づかないまま自らの「偏り」を強めているという側面もある。

　私たちが情報を発信する場合も，同様である。たとえば，政治政策や社会問題に関する自分の意見を声高に主張することは，仲間内で「重い」「深刻すぎて痛々しい」と見なされるリスクがあり，慎重に避けられる。それよりも，日常の些細な出来事を面白おかしく，また明るく華やかに投稿し，「それ，あるある！」「いいね」と共感される「軽い」やりとりが奨励される。こうして，仲間内での摩擦を回避し円滑なつながりを維持すべく，対立を引き起こす話題は排除され，投稿内容は均質的で画一的なものとなっていく。結果的にSNSでは，多様な他者と異なる意見を交換するというより，同じ感性や環境を共有する者同士で仲間意識を確認し合う傾向が強いといえよう。

　この傾向は，決して日本に固有のものではないようである。C.サンスティー

ンは自著『共和制・ドットコム』(邦題『インターネットは民主主義の敵か』)のなかで,インターネットが生じさせるのは民主的な知の共有ではなく,偏向した知に基づく感情的な対立であるとして,その発生のメカニズムを分析した。SNS 上では同じ考えをもつ人びとで集まり,頻繁に接触して自説を相互に強化し合うことで,集団が過激化し,異なる立場への理解を欠いて社会的連帯を失った「集団分極化」が進む。このような集団分極化の状況では,「サイバー・カスケード」が生じやすいと警告する。これは,自説に固執するあまり情報の真偽を判断できなくなり,情報に煽られて興奮し混乱する様を指す。そこでサンスティーンは,人びとがネット情報の「消費者」としてお気に入りの世界だけに没頭するのでなく,「市民」の自覚をもって意図的に多くの意見に触れるとともに,既存のマスメディア(新聞やテレビ)が国民意識や国際社会への帰属意識を生み出したように,インターネットも社会的連帯を可能とする「共有経験」を提供することが社会的課題であると提言している(Sunstein 2001=2003)。ネット炎上という現象を,サイバー・カスケードとの関連で分析した日本の研究も多い[7]。

3-2 マスメディアの「私化」

さらに,インターネットが有する「マスメディア」としての性質に注目すると,2つのずれ(ねじれ)に気づくことができる。

ひとつは,K. J. ガーゲン(2002=2003)の概念を転用すれば,マスメディアの「私化(privatization)」とでも呼ぶべき変化である。「私化」とは,技術の進展によって,社会的な行動が,家族的・集団的なものへ,そして個人的なものへと移行し,それに伴ってプライベートが優先され,プライバシーが尊重されるようになることを指す。たとえば,音楽を聴くことは,コンサートへ出掛けるという社会的な娯楽から,居間の巨大なスピーカーで家族全員で楽しむものへ,そして,いつでもどこでも自分の好きな曲を携帯プレイヤーで聴くものへと移行した。また,電話を掛けることも,町の電話交換手につないでもらう社会的連絡手段から,玄関や居間に置かれた固定電話で家族の目を気にしなが

ら話すものへ、そして、ワイヤレスの子機を自室へ持ち込んでおしゃべりを楽しむもの、さらには携帯電話の普及により、いつでもどこでも本人と直接つながるものへと移行した。それと同様に、知の社会的な在り方についても、権力者による独占状況から、大手マスコミによる社会的な発信へ、そしてインターネットを介した個々人の双方向的な送受信へと移行しているといえよう。このように、「マスメディアの私化」とは、知の独占が解体され、大手マスコミによる一方向的な情報配信の過程を経た後、個人が社会に向けて自由に情報発信・情報公開できるようになるという意味をもつのである。それを可能にした、新しいマスメディアとしてのインターネット登場の社会的意義は大きい。

　社会から集団へ、集団から個人へと移行する「私化」は、他人に干渉されずに好きなことをしたい、個人のプライベートを尊重しつつプライバシーを守りたいという現代的ニーズを反映していよう。他方で、「マスメディア」は、独占されていた知を広く社会的に開放し共有する方向へと発展してきた。個人が情報発信・情報共有できるインターネット（情報通信メディア）の利用は、それゆえ自らをオープンで公的な存在にすることを意味する。このように、両者の向かうベクトル（方向性）は正反対なのである。音楽を聴くことや電話を掛けることの「私化」が、各自のプライベートを優先し、他者に干渉されない娯楽になったのとは対照的に、私たちが手に入れたインターネットという「私化されたマスメディア」は、個人の意見や作品を広く社会へ伝えることができるようになった反面、無自覚にプライベートな内容を投稿すると、プライバシーが脅かされるリスクを高めるものとなった。

　もうひとつの「ねじれ」は、ユーザー感覚のずれである。メディアの先駆的研究者M.マクルーハンは、メディアを「われわれ自身の拡張したもの」と定義している（McLuhan［1964］2003：19＝1987：7）。同様に、情報通信メディアであるインターネットもまた、私たち自身を拡張するツールである。たとえば、私たちの日常生活において、友人と「休み時間に」「教室で」おしゃべりすることは、私的な娯楽である。それが情報通信メディア（インターネット）の利用によって、「同時」に「特定の場所」へ集まるという時間的・空間的な拘束

から私たちの身体は解放されて，時間が合わなくても後から目を通して返事をしたり，どこにいても即座に応答できたりと，多様な交流が可能となった。それゆえ私たちは，日常のおしゃべりが「安心安全」であることを疑わないのと同様に，セキュリティをあまり意識することなくSNSの利便性を享受するようになったと考えられる。すなわち，「私化されたマスメディア」である情報通信メディアの活用は，インターネットという公的空間に自らのプライベートを晒してセキュリティを脅かすリスクを高めるにもかかわらず，ユーザー感覚としては日常のおしゃべり（私的な娯楽）の延長として感じられてしまう。この公／私の空間感覚に対するずれが，セキュリティに関する危機意識を抱きにくい原因のひとつといえよう。

このように考えると，自分の日常生活や今の気分をつぶやき，画像や動画を投稿して，友人や仲間と共有すること（ネット上で自分自身がオープンで公的な存在になること）と，個人情報を社会へ公表することとは，表裏一体であるといえる。ネット上での私的な交流は，公的な情報公開を伴う。実際にネット炎上として問題化するにせよ／しないにせよ，仲間内だけのクローズドな娯楽として，ネット上でオープンに情報共有を行う「マスメディアの私化」という現象は，そもそも矛盾を内包するものといえよう。

4．ビッグデータと情報検索

次に，今日のICTがもたらす社会変動のもうひとつの側面として，「ビッグデータ」の登場に注目したい。

情報通信メディアが広く普及すると，そのネットワーク管理や運営上の必要から，ユーザーの「ログ」が付随的に産出・収集され蓄積される。今日，こうして私たち自身の膨大な行動履歴，すなわち閲覧・購入・投稿等のログが，新たな情報資源「ビッグデータ」として注目されている。これらは，18世紀末の産業革命に匹敵する21世紀のIT革命として社会変動をもたらすと予測されている。

4-1 ビッグデータと社会変動

　ビッグデータは，既存の情報データベースと比較すると，データの量 (Volume)，収集速度 (Velocity)，多様性 (Variety) において秀でていることから，頭文字をとって「3V」を特徴とすると定義される[8]。たとえば，交通ICカードの普及は，膨大な乗客の移動履歴や（電子マネーとして使用した）買い物履歴を，リアルタイムで収集することを可能にした。同様に，スマホのアプリが収集するユーザー情報から，グーグル (Google) の検索ワード，アマゾン (amazon) の購入履歴まで，私たちの日常的な慣習行動に由来する大量の情報がビッグデータとして蓄積されている。既存のマーケット調査で集められるデータは，コスト（手間や費用）が大きいにもかかわらず，不完全な部分が多いものであった。しかしビッグデータの登場によって，今後はユーザーの行動ログや投稿テキストといった量的・質的なデータが網羅的に入手可能となり，マーケティングやAI（人工知能）開発のためのデータベースとして活用が期待されている。

　他方で，アメリカの法学者ビクター・マイヤー＝ショーンベルガーら (2013=2013) は，ビッグデータの登場によって現代社会に「想像を絶するパラダイムシフト」が起こると予見する。想定される3つの大きな変化について，彼らの仮説の概略を以下に紹介しよう。

(1) すべてのデータを扱う (n=all)

　ビッグデータはいわば悉皆調査であり，従来のサンプリングでは破損される問題構造を抽出できる。それゆえ，多種多様な分析や仮説検証に開かれており，多くの二次利用に適する。たとえば，フェイスブックはユーザーの人間関係と影響の伝播を，ツイッターは変化する人びとの気分をデータ化できるサイトという一面をもつ。

(2) 量は質を凌駕する

　ビッグデータによる「規模の変化（量的増加）」は「状況の変化（質的転換）」をもたらし，それゆえ正しさや厳密さよりも，確率や傾向を重視する思考が普及する。たとえば，グーグル翻訳は，同一サイトの英語HPと仏語HPとを対

照した膨大な多言語データベースに立脚し，翻訳語の選択を文法的な正しさに求めるのではなく，確率の問題と位置づけて算出している。

(3) 因果から相関へ

ビッグデータが活用されると，具体的なデータの「相関に基づく予測」が優先され，因果の解明や理論は軽視されるようになる。たとえば，現在進行中のインフルエンザ流行地域は，医学的な仮説に基づいて因子を抽出せずとも，流行地域で頻繁に検索されたキーワードとの相関から特定することができ，迅速で正確な予測をグーグルが提供している。

ビッグデータがもたらす社会的影響は，その利点や肯定的側面だけでなく，問題点や否定的側面も内包している。加えて，日々インターネット上に投稿され蓄積される膨大なデータは，個人情報や記憶，安心安全に関する私たちの考え方（認知図式）や対応の仕方（行動様式）そのものを，大きく変容させることが予想される。

4-2 情報検索と忘れられる権利

SNS 上での交流は，本章 3 節で概観したように，教室でのおしゃべりと同様「私的な会話」の延長で投稿してしまい，「公的な情報通信メディア」を用いて発信していることを忘れやすい。未成年の飲酒喫煙や厨房や店内での不衛生な振る舞いなど軽犯罪や問題行動を自慢する「悪ふざけ投稿」に限らず，手元の飲料を職場で撮影したら機密書類が写り込んだ「情報流出」や，泥酔したサラリーマンの姿を友人にも見せようと投稿したら「盗撮」だと非難されるなど，悪気のない投稿によってもネット炎上は生じることがある。

加えて，教室のおしゃべりであれば，居合わせるのは学内の学生や教職員に限られるが，SNS には不特定多数の人びとがアクセスする。悪ふざけや過失の投稿が閲覧されれば，仲間内での交流という文脈から切り離され，事の善悪のみが第三者によって判断される。こうして，「非常識」で「不謹慎」という非難のコメントが殺到し，ときには個人が特定されて学校や勤務先に通報されるなど実生活に影響を被ることもある。このように「ネット炎上」は，イン

ターネット（が作る「疑似環境」）上で，従来の有限な「現実環境」のつもりで交流し情報共有した投稿者の「空間感覚のずれ」が一因ともいえよう。

それならば，アカウントに鍵を掛けて公開範囲を限定すれば，安全といえるだろうか。2013年初夏に報道を賑わした，コンビニのアイスクリーム冷凍庫の中に寝転んだ若者たちの画像の一部は，当初フェイスブックの非公開アカウントで親しい友人に向けて投稿されたものだったという。しかし，友人のひとりがその画像をツイッター上でも紹介しようと転載し，ネット炎上へと発展した。投稿者が慎重に公開範囲を制限しても，閲覧する友人が同じ空間感覚を共有しているとは限らない。友人の行動まで制御することは，難しい。

他方で，投稿者の「時間感覚のずれ」に注目すれば，次のような特徴が抽出できる。インターネットに公開された情報は，リアルタイムで累積的に保存され分析されるデータベース（ビッグデータ）でもあり，思いがけないところで「検索」される。とくにツイッターは，共通の興味関心から交流やつながりを広げられるように検索機能が充実しており，投稿内容が第三者の目に触れやすい。友人に向けた悪ふざけや過失が「検索」されて広く不特定多数に共有されるだけでなく，投稿者の「過去」に書き込んだ内容があわせて「検索」されて，個人の特定へと結びつきやすい。たとえ投稿者が，「現在」の（その都度の・個々の）投稿内容に注意を払っていても，「過去」の投稿を組み合わせたり[9]，複数のSNSを横断したりすれば[10]，個人を特定することは可能であろう。

こうして調べられた個人情報は，ネット上に半永久的に残ってしまう。「現在」の（一時の）悪ふざけや過失によって，「将来」にわたり投稿者の名前がネット上で検索されるたび閲覧され続け，進学，就職，結婚などで社会的な不利益を被る可能性もある。にもかかわらず，ネット炎上について世間一般では「自業自得」「自己責任」と軽んじられることが多く，またその対策も学校や家庭での情報モラル教育に任されがちであった。2009年〜2010年には，当時グーグルのCEOだったE.シュミットが，「他人に知られたくないようなことは，そもそもすべきではない」「若者には，SNSに記録された若気の至りを捨てるため，大人になるときに改名する権利が与えられるようになるだろう」

「ストリートビューに自宅が写っているのが嫌なら，引っ越せばいい」と発言し，物議を醸した（ITメディアニュース 2009, 2010）。

　データベース化と検索という技術革新がもたらした「投稿者が，自らを危機に晒すこと」─拡散され検索されて将来の自分を苦しめるような内容を投稿した投稿者は，被害者でもあり，自身への加害者でもあるということ─の社会的影響は今日，二次利用可能なデータの量も対象範囲も爆発的に拡大していることから，ますます大きくなっている。こうしたネット炎上は，決して一部の未熟な若者だけに固有の問題とはいえないだろう。なぜなら，将来の技術革新を正確に予測することは，誰にも不可能であるからだ。2016年の春，ロシアの写真家が「Your Face is Big Data」というプロジェクトを立ち上げ，顔認証技術の向上に注意を呼びかけた。撮影した顔写真をSNSのプロフィール画像と照合し人物検索できるアプリを用いて，無防備な地下鉄の乗客を撮影したところ，約7割の精度で本人を特定できたという（BBC News 2016；CNET Japan 2016）。後には，このアプリでアダルト動画への出演者を特定する人びとも現れ，国際的な議論となった。このように，「ビッグデータ」は，人びとが想定した範囲を超えて二次利用されたり，慎重に保護したはずの個人情報が検索されたりと，便利な反面で深刻な問題も孕んでいる。

　そこで，欧州連合（EU）では2012年，本人の意思に反してネット上に拡散し，いつまでも存在し続ける膨大な情報について「個人データ処理に係る個人の保護及び当該データの自由な移動に関する欧州議会及び理事会の規則」（いわゆる一般データ保護規則）を提案し，その17条に「忘れ去られる権利および消去する権利」が明文化された。この「忘れられる権利」とは，グーグルなど大手検索サイトに対して，時間の経過とともに意味をもたなくなった情報を，一定の条件の下で検索結果に表示させないようリンクの削除等を求めるものである。日本でも，さいたま地裁が2015年12月に「忘れられる権利」の存在と検索結果の削除とを認める決定を下したが，この事案に対して最高裁は2017年1月に削除を認めない決定を下した。ただし，この最高裁の決定は，忘れられる権利について明示的に判断を示したものではなく，引き続き今後の動向が

注目されよう。

5．SNSのセキュリティをどう生きるか

では，法的環境が整うまで，SNSへの投稿を一切止めるべきだろうか。しかし，それは現実的とはいえない。Z. バウマンとD. ライアンは，情報社会における「排除への恐怖」を次のように描出している。人びとは今日，ネットワークから排除されて孤立することを恐れ，正式に登録されて人とつながること，便利で安心安全な居場所に包摂されることへと誘惑されている。SNS上で常に見られているという「監視」の感覚は，もはや脅威でなく，一人ではないという安心感へと結びつく。それゆえ人びとは，自らプライバシーを手放し，喜んで個人情報を公開して，相互監視の網の目の中に位置することを望むという（Bauman & Lyon 2013：18-26=2013：34-43）。

もちろん，SNSには，いじめの温床になるなど問題も多い。しかし，ネット炎上に関していえば，既に多様な手法を用いてSNSのセキュリティを実践し「生きて」いる人びとや組織が存在する。以下，興味深い事例を紹介したい。

5-1 中高生のセキュリティ戦略

SNS上の交流において，常に注意を払うことは難しい。炎上ネタとして着目される可能性を考慮しながら，言い換えれば「検索」機能によって投稿時の文脈を離れて第三者に「再発見」される可能性を意識しながら，自らの投稿内容を不断に点検し続けることは困難であろう。

しかし，ダナ・ボイド（2014=2014）は，アメリカのティーンたち（主に中高生に相当する10代の子どもたち：以下，中高生と表記）に対する聞き取り調査によって，次のことを明らかにした——中高生は，SNSという開かれた場に参加する恩恵を楽しみながら，プライバシー保護に労を惜しまず，状況をコントロールする多様な「戦略」を駆使している。彼らは，両親や教師に検索で見つからないよう，また炎上ネタを探す人びとの標的にされないように，SNS上

で友人と交流することを希望する。そこで，大人や第三者には理解できないが，仲間には通じる方法によって，対外的な可視性を制限し，社会的文脈をコントロールしているという。

　中高生は SNS 上で交わされる文脈を解釈し（解釈するコードを学び）ながら，自らそこに参加して（コードを駆使して）文脈を作り出す。そして，特定の読解コードを必要とする「暗号」のように，一見した内容とは異なる読みが可能な文章を投稿する。それらは，ある日の SNS の盛り上がりのなかで投稿された「文章」や，映画やドラマで流れた曲の「歌詞」などであるが，それがどのような場面で投稿された文章・流れた歌詞であったかという，その当時の・作品中の「文脈」こそ，投稿者が伝えたい真の内容を意味する。しかし部外者には，投稿された文章や歌詞を「文字通り」に理解することしかできず，それらを読み解くコードを持ち合わせていない。他方で投稿を読ませたい相手は，親しい交流のなかで共通の経験や趣味をもち，「文脈」と読解コードを共有しているため，狙いどおりのメッセージを届けることができるのである。日本であれば，ここに，漫画やアニメ，ゲームの中で登場した「台詞」も加えられるだろう。文字通りにではなく，その前提となる「文脈」自体を共有していないと正しく読解できないような，多重の意味をもつ投稿内容によって読み手を選別するという戦略，言い換えれば，「検索」機能によって文脈（時間的・空間的なつながり）を無視して投稿を目にする不特定多数の人びとに対し，仲間内だけで文脈を共有することが読解コードになるという排除の戦略を採用するのである。

　対して，筆者の観察によれば，日本では興味深い別の戦略「パクツイ」が見られる。これは，他人の投稿を「リツイート（自分のタイムライン上で紹介）」するのではなく，その投稿内容をコピー＆ペーストして自分のオリジナルであるかのように（パクって）自ら投稿する（ツイートする）ことである。他人の投稿内容を勝手に複製する「パクツイ」は，他方で検索される大量の同一文の氾濫によって，オリジナルが誰の手によるものかわからなくしてしまう社会的「効果」をもち，結果として炎上ネタを探す部外者を慎重にさせるものとなっ

た（たとえば，芸能人の不倫について友人と話題にする中で，不倫相手の妻を羨望するOLの投稿をパクツイして紹介する中高生など）。言い換えれば，情報を断片的に検索して炎上ネタを物色する第三者の意欲を削ぎつつも，文脈を共有する（時間的・空間的につながる）友人からは，どれが投稿者のオリジナルな文章で，どれが他人の投稿内容を紹介したコピーなのか判断できるようにすることで，SNS上の交流を楽しむ戦略となっている（ただし，パクツイする行為そのものが，ネット炎上を呼び起こす可能性があるだけでなく，多くの場合に著作権の侵害として法的処罰の対象となることに，読者は注意して欲しい。本稿は決して，パクツイを奨励するものではない）。

また，ボイドはアメリカの中高生の戦略として，「ホワイト・ウォーリング」を紹介している。これは，時間を合わせてSNSにログインした友人同士が，チャットのように連続して投稿し合い交流を楽しんだ後，すべての投稿を削除して登録直後のような「白い壁」に戻すというものである。SNS上での交流を楽しみつつも，データとして保存される前に削除することで，後の第三者による検索を回避する戦略といえよう。さらに，アカウントの削除（一時停止）を行っても，一定の時間内であれば再ログインによってアカウントを復活（復帰）できるというSNSの機能を駆使して，毎日SNS上で特定の時間に友人と交流した後にアカウントを削除（一時停止）して「SNSに参加している」という事実そのものを第三者の目に触れないようにし，両親や教師の監視から逃れている中高生もいるという。

5-2　インターネットの集合知

組織的な対応としては，「集合知」の活用が注目される。西垣はこれを，「インターネットを利用して見ず知らずの他人同士が知恵をだしあって構築する知」と定義し（西垣 2013：20），専門家から天下ってくる知識が絶対的な権威をもった時代に対して，インターネットの登場によって一般の人びとが互いに交流しつつ社会的秩序を形成するという新しい知の在り方に期待を寄せている。以下の事例から，集合知とネット炎上の表裏一体の関係に筆者は注目したい。

2015年の夏に，東京五輪大会組織委員会が募った公式エンブレム案の選定結果を発表したところ，そのシンプルなデザインから，SNS上でベルギーのリエージュ劇場のロゴと酷似していると指摘され，盗作疑惑の声があがった。また，劇場ロゴを考案したデザイナーも国際オリンピック委員会にエンブレムの使用差し止め訴訟を起こすなど，国内外で報道される事態となった。応募デザイナーは，盗作疑惑をあくまで否定した上で，東京五輪のイメージに悪影響が及ぶことを懸念して取り下げを申し出て，エンブレム案は白紙撤回された[11]。その後に改めて公募が行われ，2016年に最終的な公式エンブレムが決定した。

ほぼ同じ時期，2015年5月にニュージーランド政府は，英国植民地時代から続き，隣国オーストラリアと区別しづらい国旗の変更を検討して，新しい国旗デザインを公募した。当時，1万を超える公募作品から最終候補を絞るにあたり[12]，政府は選考過程の詳細をホームページ上で公開して，話題となった（朝日新聞 2015）。これは，インターネット上で選考に残ったデザイン案を公開することで，模倣を疑われる類似性や盗作可能性について，人びとの集合知によって事前に調べてもらう姿勢といえよう。

不特定多数の人びとによるアクセスと情報検索は，過去の出来事を暴いて「炎上」させる可能性を孕む反面，多くの人の目による事前の綿密なチェックを経ることで問題点を先取りして潰すという「効果」をもつ。たとえば，リナックス（Linux）をはじめとするオープンソースのソフトウェアでは，誰もがソースコードを見ることができ，それゆえ脆弱性に気づいた世界中のホワイトハッカー（善良な情報技術者）が即座に対策を講じてくれるため，比較的セキュリティに優れているといわれる。同様にグーグルも，開発途中のWebブラウザソフトのコードを公開し，多額の報奨金を掛けて，ホワイトハッカーたちに脆弱性やセキュリティホールを発見してもらった。いずれも，一部の専門家が独占的に（デザインやコードに問題がないと）判断して運用するのではなく，広くインターネット上の集合知に頼って，言い換えれば，炎上させたい・粗探ししたい人たちの意欲を活用して事前に問題点を指摘してもらうことで，後の安心安全な運用へとつなげる戦略と位置づけられる。

6．ネット炎上再考—技術革新と情報社会の行方

最後に，情報通信技術（ICT）の進展がもたらした社会と人びとの変化に注目しながら，ネット炎上について再考してみたい。

ICT は，インターネットやビッグデータなど情報のネットワーク化によって，孤立・分断していた社会に「統合」をもたらした。物理的に遠く離れた場所にいても，生活時間が異なる赤の他人であっても，興味関心を共有する相手であれば，ネット上でつながり交流することができる。しかし，これまで切り離されていた空間や時間がつながるということは，自分の投稿内容が不特定多数から閲覧され，過去のものまで検索されて，誰もがネット炎上を起こす可能性をもつことを意味する。

他方で，ICT がもたらした社会の「統合」は，社会の内部に存在していた「分断」を可視化させる。かつての，切り離されていた社会では，「同じ社会の一員同士，多少の不自由は許容しよう」「悪ふざけや過失など，未熟さゆえの迷惑はお互い様」という精神が広く共有されており，対して「他人に迷惑を掛けなければ，自由にしていい」「何でも好きにすればいいが，迷惑を掛けるのは悪」という個人主義的な価値観は声を潜めていたとされる。しかし，社会が統合されて多様な意見があがると，人びとの価値観の差異すなわち社会内部の「分断」が表面化するだけでなく，炎上させる側の人たちの「連帯」をも促して，若者が投稿した迷惑行為を断罪したい（罰を与えたい）と考える人同士がつながることにもなった[13]。さらに，投稿者の個人情報を暴露する人びとだけでなく，投稿者への制裁を喜ぶ人びと（ウォッチャー）や，投稿者に嫌悪感を抱きリツイート（拡散）する人びとの存在もまた可視化される。このように，ICT による社会の「統合」と「分断」の混在と可視化は，ネット炎上を生み出した技術的要因といえよう。

インターネットは自由で便利だが，ネット炎上の可能性を孕むものである。他方で，前節で紹介したセキュリティ戦略や集合知の活用は，炎上させる人びとの性向を逆手に取って利用できる，いわば賢明な強者の手法であろう。それ

では，弱者にとってのセキュリティとは，投稿内容を常に自己規制し，不断の自己監視に励むことなのだろうか。あるいは，強度の技術的・制度的な規制を導入することで，ユーザーの安心安全を実現すべきであろうか。しかし，いずれもインターネットを不自由で不便な息苦しいものにしてしまいかねないだろう。ICTを利用する私たち自身が，それほど善良でも賢明でもない以上，インターネット上に「自由で便利」と「安心安全」とが単純に共存することは難しい。戦略を駆使できる強者と，それほど賢明になれない弱者との格差は大きく，ここには村落から都市へ，ゲマインシャフトからゲゼルシャフトへの移行に匹敵する社会的対立を見出すことができよう。

　インターネットという新しい情報通信メディアが生み出した「ネット炎上」は，ICTの進展がもたらした新しい社会問題であるかのように映るかもしれない。しかし，本章3節でも言及したマクルーハンによる定義「メディアはわれわれ自身の拡張したもの」に照らせば，一見新しいこの問題は，私たちが歴史的に経験し，辿ってきた道を繰り返しているという面をもった「古くて新しい社会問題」ともいうことができる。

　ICTが日進月歩の進展を遂げるなか，「ネット炎上」の防止に向けて，個々人の不完全で不確実な注意や警戒だけに頼ることは，決して効果的とはいえない。そこで，2つの新たな対策が注目されている。ひとつは，「忘れられる権利」であり，自らの投稿であっても，インターネット上の投稿データを削除したり，検索結果を非表示にしたりと，炎上後の名誉回復を可能にする権利を創設するものである。言い換えれば，「個人」による「事前予防」から，「社会」的な「事後救済」へと対策の重心を変えるものである。反面で「忘れられる権利」は，民主主義の基盤となる「知る権利」を制約するものとして機能する側面もあるため，導入にはより慎重で細やかな議論を要する。

　もうひとつは，ネット炎上や情報流出が生じる可能性を，サイト設計の段階で織り込んで対策を講じる「プライバシー・バイ・デザイン」という発想があげられる。たとえば，アメリカではツイッターをしのぐ人気SNSとして「スナップチャット（Snapchat）」が若年層から絶大な支持を得ているが，この

SNSには投稿された動画や画像が10秒以内に自動削除される機能が備わっており，いわば「ホワイト・ウォーリング」の戦略をサイト設計に取り入れたものといえよう。インターネット上の自由を守りつつ，このようにサイト設計によって人びとの行動を制御することを，アメリカの法学者レッシグは「アーキテクチャ」と呼んでいる（Lessig 2006=2007）。しかし，サイト設計を通じて特定の行動をとるよう促されていることにユーザーが無自覚であれば，アーキテクチャによる統制は巧妙で新しい支配の形態ともなりうることには注意が必要である。

　今日の技術革新は，かつての産業革命とその後の社会変動に並ぶ，あるいはそれを上回るような歴史的転換をもたらすといわれている。「ネット炎上」も，その一局面ととらえることができよう。本章で言及したSNSは近い将来，別の新しいSNSに，あるいはSNS以外の新しい何かに取って代わられるかもしれない。その場合でも，社会の実態と人びとの意識とのずれに着目し，その背景にある問題構造を把握することは，セキュリティを考えるヒントになりうるという点に変わりはないであろう。歴史的転換期に当たるこの時代を，私たちはどのように生きていくのか——個々人としてぜひ考えてみてほしい。

【注】
1）本章で扱う「知」とは，information（情報）やknowledge（知識）のことであり，人工知能などに用いられるintelligence（知能・知性）とは異なる。
2）マケドニアのアレクサンドリア図書館の蔵書数は，アレクサンドリア王の栄光を称えて10万とも90万ともいわれる。
3）マクルーハンによれば，印刷本の均質性と反復可能性は，画一的な商品の大量生産，（値段交渉でなく）定価の導入，パッケージ化による流通という点で，「16世紀およびその後の諸世紀に登場する均質で規格化された商品にとってどこまでも模範となった」という（McLuhan [1962] 1964：163=1986：249-251）。
4）主に，スマートフォン，フューチャーフォン（ケータイ），タブレット，ウェアラブルなど，インターネットに接続できる移動通信機器を指す。
5）他方で，大手マスコミが紙面や放送時間という物理的制限のなか，社会的な価値のある知を取捨選択して発信する意義も忘れてはならないだろう。

6）こうした傾向は，心理学では「認知的協和・不協和の理論」，マスメディア研究では「選択的接触論」として知られている。
7）詳細は，田中・山口（2016：12-13, 69-73），荻上（2007：34-36, 63-112）などを参照されたい。
8）ビッグデータは個々のユーザーのログ（行動履歴）であり，その意味で偽ることが難しい。そこで，データの正確さ（Veracity）を加え，「4V」と定義されることもある（城田 2012）。
9）個別の投稿内容から，最寄駅や学園祭の時期等がわかれば，大学名が特定できよう。同様に，所属学科やサークル，バイト先までわかれば，個人名の特定も間近となる。
10）ツイッターの投稿内容や友人関係，ID名などから，フェイスブックやインスタグラムなど他のSNSのアカウントが特定されてしまうことがある。
11）デザインの外見上の類似性から，模倣かどうか判断することは難しい。東京五輪大会組織委員会は，その選考過程および原案と修正依頼後の最終案を開示して説明し，盗作疑惑を会見で否定している（ITメディアニュース 2015）。
12）同年12月に新国旗のデザイン案5つが国民投票にかけられて1つに絞られ，翌年3月に新国旗への変更か現行国旗かが投票にかけられた。結果として，現行国旗が存続することとなった。
13）紙面の都合上，本章では言及できなかったが，炎上させる人びとに注目した統計的分析は田中・山口（2016）を，広く社会心理的アプローチとしては釘原（2014）などを参照されたい。

【引用・参考文献】

Anderson, Benedict,（1983）*Imagined Communities: Reflections on the origin and spread of nationalism*, Verso.（Recised and expanded edition）.（= 2007，白石隆・白石さや訳『定本・想像の共同体：ナショナリズムの起源と流行』書籍工房早山）

『朝日新聞』（2015）「国旗変える？国民投票―ニュージーランド年末から」2015年9月15日付朝刊（13面東京本社）

Bauman, Zygmunt & Lyon, David,（2013）*Liquid Surveillance: A Conversation*, Polity Press.（=2013，伊藤茂訳『私たちが，すすんで監視し，監視される，この世界について―リキッド・サーベイランスをめぐる7章』青土社）

BBC News（2016）「Your face is big data」2016年4月12日配信の映像ニュース http://www.bbc.com/news/magazine-36019275（2016年12月30日最終アクセス）

Bourdieu, Pierre,（1996）*Sur la television*, Raison d'agir.（=2000，櫻本陽一訳『メディア批判』藤原書店，2000）

Boyd, Danah,（2014）*It's Complicated: the social lives of networked teens*, Yale University Press.（=2014，野中モモ訳『つながりっぱなしの日常を生きる』草思社）

CNET Japan（2016）「ロシアの顔認識サービス，写真の人物をSNSデータで身元特定―プライバシー侵害の懸念も」2016年5月18日記事
https://japan.cnet.com/article/35082765/（2016年12月30日最終アクセス）

Gergen, Kenneth J.,（2002）"The challenge of absent presence", Katz, James E. & Aakhus, Mark（eds.）, *Perpetual Contact: Mobile communication, private talk, public performance*, Cambridge University Press, pp.227-241.（=2003，鶴本花織・岡田朋之訳「不在なる存在の挑戦」立川敬二監修・富田英典監訳『絶え間なき交信の時代―ケータイ文化の誕生』NTT出版，pp.298-316）

ITメディアニュース（2009）「『Googleによるデータ保有が人々の個性を奪う』―セキュリティ研究者シュナイアー氏」2009年12月15日記事
http://www.itmedia.co.jp/news/articles/0912/15/news022.html（2016年12月30日最終アクセス）

――（2010）「『ストリートビューに写るのが嫌なら，引っ越せばいい』とGoogle CEO」（速報「『違法DLでネット切断』法で，レーベルから1日2万5000件の通報」より，2つ目の記事）2010年10月26日記事
http://www.itmedia.co.jp/news/articles/1010/26/news057.html（2016年12月30日最終アクセス）

――（2015）「東京五輪エンブレムの原案公開―直線的なデザイン，ベルギー劇場のロゴとは『全く別物』」2015年8月28日記事
http://www.itmedia.co.jp/news/articles/1508/28/news143.html（2016年12月30日最終アクセス）

神田知宏（2015）『ネット検索が怖い―「忘れられる権利」の現状と活用』ポプラ新書

釘原直樹（2014）『スケープゴーティング―誰が，なぜ「やり玉」に挙げられるのか』有斐閣

Lessig, Lawrence,（2006）*Code: And other laws of cyberspace, version 2.0*, Basic Books.（=2007，山形浩生訳『CODE version 2.0』翔泳社）

Mayer-Schönberger, Viktor & Culier, Kenneth,（2013）*Big Data: A evolution that will transform how we live, work, and think*, Houghton Mifflin Harcourt.（=2013，斎藤栄一郎訳『ビッグデータの正体：情報の産業革命が世界のすべて

を変える』講談社）
McLuhan, Marshall,（［1962］1964）*The Gutenberg Galaxy: The making of typographic man*, University of Toront Press.（=1986，森常治訳『グーテンベルクの銀河系―活字人間の形成』みすず書房）
――,（1964）*Understanding Media: The Extensions of man*, McGraw-Hill Book Company（Edited by W. Terrence Gordon, Gingko Press, 2003）.（=1987，栗原裕・河本仲聖訳『メディア論―人間の拡張の諸相』みすず書房）
三浦直子（2011）「ケータイ社会と断片化する個人―通信メディアの変遷と社会意識の変容」春日清孝ほか編著『〈社会のセキュリティ〉は何を守るのか―消失する社会／個人』学文社，pp.63-86
西垣通（2013）『集合知とは何か』中公新書
――（2014）『ネット社会の「正義」とは何か―集合知と新しい民主主義』角川選書
――（1997）『デジタル・ナルシス』岩波書店（同時代ライブラリー）
野口悠紀雄（2016）『知の進化論―百科全書・グーグル・人工知能』朝日新書
荻上チキ（2007）『ウェブ炎上―ネット群衆の暴走と可能性』ちくま新書
Postman, Neil,（［1982］1994）*The Disappearance of Childhood*, Dell Publishing Company.（=2001，小柴一訳『子どもはもういない』新樹社）
城田真琴（2012）『ビッグデータの衝撃』東洋経済新報社
Sunstein, Cass,（2001）*Republic. com*, Princeton University Press.（=2003，石川幸憲訳『インターネットは民主主義の敵か』毎日新聞社）
田中辰雄・山口真一（2016）『ネット炎上の研究―誰があおり，どう対処するのか』勁草書房
吉見俊哉（2004）『メディア文化論：メディアを学ぶ人のための15話』有斐閣

第4章 地域社会の意味と存続可能性
―― 地域社会に生きることの意味

　現在の地域社会は，人びとのくらしやすさと安心感を保証する存在としての地域社会への期待がある一方で，職住分離型の生活が進んだことによる地域社会の空洞化と地域社会に対する無関心という矛盾した状況に置かれている。確かに，都市的生活様式の浸透によって，親族関係や近隣関係のつながりは，かつてと比べると重要性が低下したように思われている。そして，2つの関係は弱体化しているということもできる。また，高齢化と人口減少による地域社会の存続可能性を問う指摘もある。

　しかし，そのことは地域社会の意義が無効化したことを意味するものではない。たとえば，子育て期の相互扶助や高齢期の見守りなどの日常的な問題，また，災害時の人と人のつながりといった非日常時の問題においても，地域社会のつながりは重要性が確認され，再評価が為されているといえる。地域社会の意味は，現代の日本社会においても軽視できるものではない。

　だが，こうした視点から地域社会を見た場合，旧来の地縁的関係や血縁的な関係を所与のものとして考えることには無理があり，新たな関係性を再構築する必要は存在する。そのことを考えた時，「地方的社会」「アイデンティティ形成」「コミュニティの構築」という観点が重要となる。それは，地域社会の存続についても，新たな視点を提供することになるだろう。

1. 地域社会への期待の高まりと地域社会の存続可能性

　われわれの日常的な生活の中において，「地域社会」という存在は，自分自身が地域社会の一員であるという実感をもつことが少なくなってきている一方で，無用な存在であるかと問われるならば必要な存在であるとも答えうるという意味で，きわめて両義的な存在であると見ることができる。

　地域社会の一員として実感の欠如だけではなく，地域社会の意味づけへの意識がない人びとがいることも現実にはある。この背景には，「生活の個人化」および「生活の社会化」という意味においての「都市的生活様式」の浸透による専門機関や専門職に対する地域社会機能の外部化という意味での都市化の進展，または，「職住分離社会」の進行によって生じた地域社会との関わりの機会の減少，そして，近代家族モデルに基づく生活意識の浸透による地縁や血縁の弱体化による日常生活レベルの協同の必要性が小さくなったことがある。その結果，地域社会への無関心化が増加したということがいえるであろう。

　しかし，その一方で，地域社会が必要であることの意味は，年齢や性別を問わず，社会的な「居場所」としての地域社会の必要性からではないかとも考えられる。それは，多くの人びとの日常生活における社会の不安定さから生み出されてくることになる現在および将来にも及ぶであろう不安の増大，そして，それらを解消させるための社会資源としての地域社会に対する期待の高まりということができるであろう。つまり，地域社会が生活のセキュリティ機能を果たしてくれることを求めての期待であると考えることができる。

　もちろん，地域社会が有する人びとの日常生活に与えている重要性は，これまでも指摘されてきたことである。しかし，今，敢えて，このことを問う背景には，地域社会の存続可能性が問われる事態が生じてきているからである。ひとつは，少子化と高齢化に起因する人口減少現象による地方自治体の存続可能性を問う「消滅可能性自治体」という議論がある。また，災害による地域社会の甚大なる被害，とりわけ，東日本大地震を起因とする福島第一原子力発電所の事故によってもたらされた居住地としての地域社会の破壊は，暮らしの場と

しての地域社会と向きあうことを必然のものとした。むろん，これ以外においても，地域社会と向きあわざるをえない事由は多く存在する。いずれにしても，日常的な生活空間としての地域社会が所与の存在ではなくなっている状況にあるということがある。

　これらのことを踏まえて，本章では，地域社会の現在的意味と可能性を考えていきたい。

2．地域社会とは何か？

　ここまで，地域社会という用語を漠然とした形で使ってきた。ところで，「地域社会とは一体どのようなものであろうか？」と問うた時に，どのように答えていくであろうか。この問いに答えようとしたときに，地域社会という用語がもつ曖昧さに，改めて気づかされる。

　地域社会という用語を辞書的にとらえれば，「一定の地域的な広がりとそこに居住する人びとの帰属意識によって秩序づけられる社会」（浜島・竹内・石川編 1997）とあるように，一定の地理的領域性と居住者による帰属意識に基づくものであると理解されてきた。また，それとともに確認しなくてはいけないのは，地域社会の境界の恣意性である。ここで問題にしたいのは，先の地域社会の定義にあるような「一定の地域」「帰属意識」ということが意味することが何かということである。

　P. ブルデュー（Bourdieu, P.）は，地域という概念は，階級分類闘争のひとつの特殊な形が象徴的に表されたものであって，所与の概念と誤認されてしまう可能性が高いことを指摘している（Bourdieu 1982=1993）。そこでは，地域社会の境界線をどこに引くかということ自体も，「政治的」な力関係によって，行政的にも個々人の意識の中でも引かれてしまいやすいことに注意しなくてはならない。つまり，自分たちと同じ仲間であるということを相互認証していくことを帰属意識や共属感情とするならば，どこを地域社会の境界線とするかは，明確な規則が存在するわけでもない。したがって，われわれは，常に自分が境

界線の内側にいるのか外側にいるのか，または，相手を自分が引く境界線の内側に入れるのか入れないのかを意識している。このことは，どのような地域社会に参加するのか／参加しないのかといった具体的な選択行動に表れてくる問題となる。

　ただ，留意するべきことは，地域社会が「政治的」に境界線を引かれる存在であったとしても，境界線がいかなる基準で定められ，それを固定的に考えるべきものであるか否かを考える必要がある。これまで，地域社会は，① 集落，② 地域自治会（町内会），③ 市区町村，④ 都道府県という行政的枠組みで考えられることが多かった。このうち，① が農山漁村的，② が都市的という違いはあるが「コミュニティ」としてとらえることができる[1]。また，③ と ④ は行政区域としてとらえてくることが一般的であった。しかし，現在の生活スタイルにおいて，地域生活を ① と ② だけで考えることは妥当ではない。確かに，「職住近接」的な生活が主たる時期においては，生活の協同という観点から有効な枠組みであったと見ることができる。だが，現在，農山村も都市においても「コミュニティ」の中だけで生活が完結することは稀である。言うまでもないことではあるが，「コミュニティ」のみならず，市区町村や（特に，大都市圏においては）都道府県の枠組みも越えて通勤・通学することも少なくない。そうした現実に際して，これまでとは異なる認識枠組みで地域社会での生活をとらえていくことも必要であろう。つまり，日々の生活の範域という視点からとらえるならば，これまでとは異なる地域社会の枠組みの設定も可能ではないだろうか。

　藤井勝（2013）は，地域社会の社会学的分析の単位として，「『グローバル』という今日の視点からすれば，国家によって区切られた範囲以下は『ローカル』という位置づけがなされようが，ここでは国家の単位は『ナショナル』な存在として，その国家のなかにある地方的な単位を本来の『ローカル』としてとらえたい」とした上で，ローカルな世界を基盤として成立する地方的世界の存在とともに，「地方的世界」がもつ重要性を指摘する。藤井は，学問の世界で「地方的世界」という言葉は一般的ではないとしつつも，地方的世界を以下

のように位置づける。

> 地方的世界は，人類史における人々と土地との結びつきの強化という文脈のなかで生成した。…村落共同体が形成されて，そのなかに人々の最も基本的な社会が形成される。そして村落共同体の自律性は否定できないとしても，村落はまったく孤立して存在したわけではない。村落を越えた共同性の必要，余剰の交換，通婚，治安維持のための政治的共同などなどがある。人々は村落を越えて，積極的に交わり，そこに社会を形成してきた。それが地方的世界の出発である。(藤井ほか 2013：27)

藤井の指摘は，「人々と土地との結びつき」という前提はあるが，村落という枠組みを越えての共同性や交わりが，旧来から存在してきたことを意味している。そして，日本においては郡の存在を重視する。もちろん，郡という領域の設定自体も，きわめて政治的なものであることは言うまでもないが，それ以上に，人びとが生活する上で，自分以外の他者との交流によって創りあげる「つながり」の範囲をより広い範囲にしていく可能性を見出す[2]意味で重要な指摘ということができるであろう。

「地方」という概念設定は藤井勝だけではない。細谷昂(2012)は，「地方という言葉は，日常用語としてはよく使われるが，しかし社会学的概念として確立しているとはとうていいいえない」としつつ，地方を「市町村よりも大きい範囲の地域が，『ある程度の歴史を基礎』として，『社会・文化的または経済的同質性（あるいは共通性）』によって特徴づけられる地域的範囲を形成」しているものとし，「地方」という枠組みが地域社会研究の方法としての有効となりうることを述べている。

もちろん，両者は研究目的も対象も異なるのであるが，「コミュニティ」や市区町村の領域を越えた地域社会の枠組みを，地域社会分析の単位としていることは興味深い。「地方」という概念を設定することで，「職住分離的」な生活の実態をとらえることに資することができ，また，市町村合併等による基礎自

治体の境界線の変更に対応できる可能性を示していると見ることができるのではないだろうか。そして，それとともに，日常における生活からの地域社会の理解と把握を可能とするものと見ることができる。

3．地域社会での人びと相互の「つながり」

3-1 地域社会にコミュニティは存在するのか

　日常生活における人びとの「つながり」を，いかなる地理的な領域からとらえることが可能であるかという点を，まず考えてみた。だが，領域の設定をどのような範囲で行ったとしても，実際の生活の中で，人びとが相互につながっていなければ，こうした作業はあまり意味をもつものではない。人びとは地域社会レベルにおいて，どのようなつながりをもっているのであろうか。

　再び，この点を，コミュニティのレベルに立ち戻って考えてみたい。社会学の歴史に立ち戻って見てみるならば，F.テンニース（Tönnies, F.）は，社会の結合原理が本質意志から選択意志へと変わり，ゲマインシャフトからゲゼルシャフトに転換していったとした。その際，農村社会や中世の都市を人間関係や共有する記憶等から成り立つ本質意志による社会であるゲマインシャフトに，都市社会を利害関係といった選択意志による社会であるゲゼルシャフトにと，二項的に分類した。そして，都市社会は，潜在的な緊張と葛藤が存在する社会であるとされた。そのため，都市は孤独で感情的なつながりがない社会であり，農村社会は感情的つながりがあるとともに社会的連帯があるとされた。こうした理解は，19世紀後半から20世紀前半にかけて，工業化と都市への人口集中が急激に進む中で，社会学内部においては一般的なものとなっていた。都市社会学の領域においても，L.ワース（Wirth.L）[3]は，都市社会を「人口量が大きく，人口密度が高く，社会的異質性が高い社会」とし，対面的な相互作用に基づく第一次的な関係以上に利害関係に基づく第二次関係が優位となる社会であるとした。そして，画一的な心情の下に非合理的な行動を起こしやすい大衆社会が出現したことを指摘した。こうした視点からの議論は「コミュニティ解体

論」と呼ばれている。

　もちろん，こうした立場に対する批判も存在する。H. J. ガンズ（Ganz, H. J.）は，経済的問題を要因とするコミュニティの解体状況があるとはいえ，都市化の問題とは別に近隣関係が存在するコミュニティは，郊外住宅地で子育てをする家庭が多いコミュニティでは依然として存続しており，近隣関係のありようは家族のライフステージに規定される側面が強いと指摘をした。この視点からの議論は「コミュニティ存続論」と呼ばれている。

　一方，ここまでの議論は地域性の存在を前提としたものであったが，地域性を後景化させて，コミュニティを論じる立場もある。こうした視点からの議論は「コミュニティ解放論」と呼ばれる。この議論では，コミュニティは地域社会という地理的空間に限定されないものであるとされる。この立場からの論者の代表として，C. S. フィッシャー（Fischer, C. S.）と B. ウェルマン（Wellman, B.）がいる。フィッシャーは，都市社会は多様な人びとが集まる空間であるがゆえに，多くの非通念的なサブカルチャー（下位文化）によって結びついたネットワーク的な組織であるとする。もちろん，このネットワークは，地域社会という地理的な場所に規定される組織／地域社会を越境していく組織の双方が想定されるが，地域社会という場所に必ずしも拘束されない点において，これまでの議論とは一線を画す視点といえるだろう。また，ウェルマンは，通信技術等の発達によって，地域性そのものが相対化されたコミュニティの存在を指摘する。ウェルマンの指摘は，インターネット通信技術の発達による SNS にみられるように，脱距離化するだけではなく，実在することの確認が難しい場合もありうるような見知らぬ人間（「匿顔」的存在）とのコミュニティ形成の可能性が生じるなど，これまでとは異なる原理でのコミュニティも生じていることを指摘している。むろん，こうした「つながり」による人と人の結合による集団をコミュニティと呼べるのか？という疑義を有する向きもあるかもしれない。しかし，「匿顔」的な関係に，自分の「居場所」を見出す人も少なくないことを考えると，新しいタイプのコミュニティと見ることができるのではないだろうか。

さて、3つのコミュニティモデルを見てきたが、現在の日本社会においては、どのモデルが妥当であろうか。赤枝尚樹（2011）[4]は、数量的検証を通じて、現在の日本社会では、全国的に「コミュニティ喪失論」と「コミュニティ存続論」は支持されず、「コミュニティ変容論」が支持されることを指摘した。赤枝の指摘を踏まえるならば、日本社会において、コミュニティはなくなっているのではなく、居住という「つながり」とは異なる形で存在するということになる。しかし、その一方で、地域社会が失われたと感じる人やそうした言説が流通することは珍しいことではない。赤枝自身も、石田光規（2007）の農村社会の紐帯が喪失されてしまったという研究成果を引きながら、都市社会だけに止まらない現象である可能性を指摘し、居住地と人間関係の関連を新しい視点から検討する必要性を論じている。赤枝は、こうした現象の背景を、ウェルマンの指摘を踏まえて、「紐帯の断片化による人々の解放が、逆の側面として人々の一体感や一枚岩の連帯を生じにくくさせ、そのことがコミュニティの喪失にリアリティを与えている」とする。ややもすると、これまでは地縁といった伝統的な要因による紐帯は拘束的にとらえられてきた。しかし、赤枝の指摘に添うならば、そうしたことから解放されることは、すべての社会的関係を自己の責任で選択することを求められることになる一方で、自分もまた他者による選択の対象とならざるをえなくなる。そのことは、人びとの間に暗黙的に存在していた連帯感を失った感覚をもたらし、「居場所」を失った孤立感を感じさせることになり、そのことが、これまでとは異なるタイプのコミュニティがあるにもかかわらず、「コミュニティは解体してしまった」という意識を生み出していると見ることができる。

3-2 地域住民組織の果たすことができる役割

さて、地域性に基づくコミュニティの影響力の減退について見てきたが、はたして、本当に地域性に基づくコミュニティや地域住民組織の影響力は無効化しているのであろうか。先に、日本社会においては、コミュニティレベルにせよ、基礎自治体の枠組みを越えるレベルにせよ、「人々と土地との結びつき」

が大きな意味をもつことを確認した。

　しかし，このような「つながり」は，非組織的に形成され維持されていくわけではない。さまざまな場面や目的によって，地域社会で生活する人びとは必要に応じて，地域組織を組織化して立ち上げていく。そして，それらを通じて活動し存続させることで，自分たちの地域生活を維持してきた。そうした機能を有する地域住民組織の代表的存在といえるのが地域自治会[5]である。地域自治会は，地域生活を成り立たせるために必要なあらゆる活動を行うことを目的に，地域住民が世帯単位で加入し，当該の地域社会にただひとつのみ存在し，(義務ではないが) 当該地域社会にある全世帯が慣習的に加入する性格を有する任意で組織されたものである。だが，その一方で，行政の末端機構としての性格も併せもつ組織でもあるという2つの側面をもつ存在でもある。この2つの側面ももつがゆえに，地域住民による地域自治組織であるという評価の一方で，半封建的であり非近代的側面が強調されることもあった。そのため，近代化するべき対象としての地域自治会組織であるのか，もしくは，地域自治組織としての地域自治会であるのかという論争も生じたこともあった。また，それとともに，日本独自の文化パターンであるという指摘もあった。

　このように，その組織的性格の位置づけに論争はあるものの地域社会においては，日常の生活において不可欠の存在としてとらえられてきた。また，それだけではなく，災害時における第一次的な担い手の役割を果たすとともに，期待も寄せられ，その重要性は十二分に認識されてきた。

　辻竜平 (2011) は，2004年の新潟県中越地震の被災地研究を通じて，地域住民組織としての「区」が，被災直後から被災2年後までの時間の中で，住民の安否確認に始まり，避難所の設営・救援物資の分配・仮設住宅の運営，そして，ボランティアの受け入れに至るまで重要な役割を果たしたことを指摘した。辻の指摘からは，被災時においては，公的機関としての行政能力の限界を越えてしまうため，区がなければ，地域生活そのものが成り立たなくなってしまうことがわかる。そして，ボランティアの支援活動も，区の存在なくしては，現地に入ることすら厳しい状況が生じることを明らかにし，改めて，地域住民組織

の重要性を認識させた。つまり，地域住民組織の機能停止や機能不全が生じる状況は，地域社会での「セキュリティ」を脅かすことになる。その意味で，地域社会が限界化することは大きな問題となっていくのである。

また，吉原直樹（2013）は，地域社会の防犯の文脈を基に，①自己責任論に還元されない他者との交わりによって高められる主体による当事者主体の確立，②「閉じて守る」のではなく「開いて守る」防犯環境の醸成，③異なる利害関係をもつステーク・ホルダー相互の"せめぎ合い"から生じる"ある種の創発的な"地域力に支えられ，地域力を高める防犯活動をすすめるという3点を前提にした上で，日常生活時から「自分たちで自分たちを守る」という意味での「内から」の制度設計の必要性があることを指摘する[6]。つまり，「異質性」に対して「開く」ことの意味，そして，それぞれの利害関係間の社会的な関係性を経ての合意に基づく協働の必要性が浮かび上がってくる。そこには同調圧力による「見せかけの一体感」ではなく，「異質性」を踏まえた「共同性」（そこでは，「それぞれが異なることは理解したので，お互いに不快になることがないように，お互いに互いのことは不干渉にして，表面的な関係をキープするようにしましょう」といった「柔らかい排除」は避けられる）を構築することの重要性を読み取ることができる。

辻と吉原の指摘からも，地域社会での生活を継続していくための地域住民組織の重要性は確認できる。しかし，地域自治会に加入することに否定的な動きを示す人びとがいることもまた現実である。留意しなくてはならないのは，このような動きを示している人びとの多くは，地域自治会の必要性を否定しているわけではないことである。全世帯加入性という特質であっても，個別の家庭には介護などのそれぞれの事情によって，地域住民組織の活動に参加することが難しい状況が生じることもある。また，地域生活に必要な活動を担うということは，地域住民の自治組織の役割が，無限に拡大していく可能性は否定できない。こうしたことから，地域自治会の活動から距離を置く人びとを生み出すことは，ある意味では必然的な状況ともいえる。しかし，こうした行為は，当の地域社会で地域住民組織を運営する側から見れば「造反」的な行為と映り，

活動に距離を置く人を地域社会の共同と共有の場から排除してしまうという局面を生み出してしまうこともある。2015年11月4日放映の『クローズアップ現代』では，地域自治会の脱退を申し出た家庭に対して，ゴミの集積場の使用を禁じたり，地域自治会で費用が賄われている防犯灯が取り外されてしまった事例を紹介している[7]。もちろん，こうしたことが常態であるわけではない。ただ，地域社会の内部にいるものが，地域社会の論理とは異なる社会的な行為を行った場合，地域社会の側からの「制裁」を行うことで排除が行われる可能性があることも押さえておく必要はあるであろう。

　このような現象が起こる背景には，地域自治会の役割が「地域生活に必要なあらゆること」であるという曖昧な規定にも一因がある。こうした曖昧さは，ややもすると，公的な側である行政の責務を「市民参加」や「公的セクターと共的セクターとの協働」という名の下に，地域住民組織に無原則に委託してしまうことにつながりかねない。そして，それは，行政の責任放棄になりかねない。その一方で，それらは行政の責務であるとして，すべてを行政に委ねて請願することにも限界が生じるであろう。そこで，行政と地域住民組織の関係が，改めて問われることになっていく。五十嵐泰正（2015）[8]は，具体的な生活課題が地域社会で生じた時の両者のあり方について，仁平典宏（2011）の議論を参照にしながら，次のことを指摘する。それは，地域住民の側に対して「『参加・提案の場』が開かれていない状況の時には，直接行動によって問題の共有化を訴え，参加への『こじ開け』」が必要であり，そこに「参加の場のあり方を具体的に提起」することで「自らがまず協働の主体」となることが必要であるということである。ここでは，行政から住民組織の側に対して，一方向的に押しつけるかのように委託しているにもかかわらず，住民組織があたかも自発的に請け負っているかのような錯覚が生じるようなことは減じていく。また，それとともに，何を問題としていくのかというテーマ設定は，地域住民の側から行っていくこともできるという点からも，住民の側からの制度設計につながっていくことになるのではないだろうか。

3-3 「限界化」する地域社会の行方

　さて，地域住民組織と行政のありようについて見てきたが，ここまでの議論は，地域住民の人口が一定数存在するという前提があった。しかし，現在の地域社会の現状を見るならば，先にも触れたように，人口減少と高齢化の進行によって「消滅可能性自治体」といわれる事態が構築されているという現実から逃れることはできない。しかし，地域社会における人口減少と高齢化とそれに付随する諸問題は，1960年代から過疎問題[9]として認識されてきた社会問題である。

　当初，過疎問題は中国地方や四国や九州といった西日本で強く意識されてきた[10]が，次第に，全国的な問題となっていく。過疎化の進行は，地域社会の存続可能性そのものが危ぶまれる事態を生じさせていく。いわゆる「限界集落」の問題である。限界集落という名称については，「高齢化率だけで規定してしまい，そこに住む人の心情を無視している」等のさまざま批判はあるが，大野晃（2009）が指摘するように，「限界集落」概念の要諦は，社会的共同作業の維持が困難になっているところにある。そこでは，近隣相互の助け合いや伝統行事そのものの存続・継承すること自体が困難な状況に陥っている。

　小田切徳美（2009，2014）は，農山村問題を「地域の空洞化」ととらえ，それを，①人口減少という意味での「人の空洞化」，②農家の高齢化と後継者難が進んだことを要因とする離農による耕作放棄地の増加という意味での「土地の空洞化」，③集落[11]レベルでの家相互の相互扶助の集落機能の"著しい停滞"という意味での「むらの空洞化」という3つの次元でとらえている。小田切は3つの次元が段階的に進み，それぞれの段階において，「過疎」「中山間地域」「限界集落」という造語が生み出されたと指摘する（小田切 2014）。小田切の指摘からもわかるように，これらは生活の問題であることを確認しておきたい。

　一方，これまでの地域社会における問題は，地方から都市への新規学卒者を中心とした若年層の人口移動という観点でとらえられ，「農山漁村，そして，次第に地方都市部も巻き込んでの人口減少と高齢化という意味での過疎化」と

「若年層の人口流入による都市人口増加による大都市を中心とした都市圏の過密化および郊外化という都市空間の拡大」という文脈で理解されてきた。そこには，大都市を中心とする都市圏においては，高齢化と人口減少はあまり意識されることは多くはなかった。しかし，現在，大都市インナーエリアにある住宅街や公団団地，郊外にある大規模団地やニュータウンと呼ばれた地域においても，人口減少と高齢化といった現象が進行している。そして，「孤独死」の防止や地域自治会の解散が地域の課題となっている。また，生活に直結する医療機関の減少と消滅，商店街の消滅やショッピングセンターの撤退によるフード・デザート[12]ともいわれる日常的買い物困難者の増加がある。このような問題が生じてくる背景には，近代家族モデルに基づいた家族観の浸透による核家族化[13]の進行，また，住居面積の問題，職場の問題などがあげられる。つまり，夫婦家族的暮らし方が標準化した社会においては，農山漁村や地方都市だけの問題ではなく，大都市も含んだ高齢期の生活の問題であり，そして，ひいては地域生活の問題にもなっているのである。それは，日常生活の「当たり前さ」を守るということが困難になっていることを意味するであろう。

　もちろん，こうした問題は長い時間を経て生じてきたものであるが，それまでは意識されることは少なかった。それを顕在化させる役割を果たしたのが，2013〜2014年に出された「増田レポート」といわれる一連のレポートである。これらでは，「市町村消滅」「地方消滅」「消滅可能性自治体」といったセンセーショナルな文言とともに，「地方消滅論」[14]として自治体だけではなく，多くの人びとに衝撃を与えた。

　これに対しては，さまざまな反論が出されている。たとえば，徳野貞雄（2015）は，「増田レポート」と政府が唱える「地方創生」政策の基になっている人口推移モデルに対して，① 人口減少現象は，「日本社会に悪いこと」という前提がまったく疑われることもなく，国民に対する恫喝的性質とともにステレオタイプ的に反応しているが，それは，顧客人口や若年労働力の減少といった産業界の論理に乗った議論でしかないこと，② 1920年から1960年を経て2010年という時間の経過とともに生じている日本社会の実質的な社会の内実

の差異を無視していると指摘し,「増田レポート」は事実誤認があると批判する。そのうえで, 65歳以上の年齢層の人たちを, 一律に老人視し"社会的残余範疇に属し, 社会的役割を多く持っていない"人びとと見てしまっているとする。そのうえで, 徳野は, 65～75歳までの年齢層の人びとが社会的に果たす現在的役割の大きさを指摘する。こうした認識を基にして, 地域社会に生活する人びとの日常的な生活関係を精査する中で, 別居子との関係の重要性に着目し, 親世帯と別居子世帯との間に, 生活だけに留まらず地域社会の維持に関する多くの局面でも密接な関係があることを, 徳野は指摘する。徳野は, これを「修正拡大集落」もしくは「新・マチ・ムラ連合型地域社会」と名づけ, 自治体の問題と人びとの生活する地域社会の問題を同一視することを批判する。

また, 小田切（2014）は, 農山村社会においては, 市町村単位ではなく, より小さな地区単位で見る必要を述べ, 都市住民の間に農山漁村に対する関心が高まっているという意味での「田園回帰」の動きが生じつつあるとする。小田切は, この動きは「農山村移住という行動だけを指す狭い概念ではない」とし,「農山村の生活, 生業, 環境, 景観, 文化, コミュニティ, そして, そこに住む人々そのものに対する何がしかの共感を含むもの」であり, それらは「最終的にはそこへの滞在や移住への思いにつながる」と予測し,「増田レポート」を批判する。

もちろん, これらの議論に対しても, 地方そのものの就業機会の減少[15]とそれにともなう人口減少と高齢化は進んでいるのであるから, 将来的にはどうなるかわからないという批判があるであろう。しかし, 集落や自治体の枠組みを超えての生活の実態をとらえることは可能であろう。

4. 地域社会のつながりの現在とつながりの創造

都市的生活様式が進行した社会においては, ライフスタイルが「職住分離型」であることに加え, 家の継承という観点が弱くなったことによる職業と居住地の「流動化」という側面が強くなる。もちろん, 現在においても, 高齢期

の親との同居問題や墓の継承問題や空き家状態となった家屋の問題という土地と居住につながるような問題は存在する。だが，生まれ育ったところで生涯の生活を過ごすことが望ましいと考えるという意味での「土着性」は，かつてほど強くはない。佐久間政広（1999）が，宮城県七ヶ宿町の事例を基に，農村社会における相互扶助関係とは，家の後継者がムラに代々住み続けることを前提とした「過去―現在―未来」がセットとなった超時間的かつ土地に密着し続けたものと指摘した。だが，現在，絶対に果たさなくてはならないことではなくなったように見える。

　しかし，「地元」を離れることが，人びとの生き方において所与の条件となっていると見ることもできない。「地元に生きる」ことが所与のことでもないが，「向都離村する」こともまた所与のことではないという現実がある。そこには何らかの契機があって，「地元に生きる」ことを自ら選択していこうとしていくと見ることができるであろう。尾川満宏（2011）は地元の人間関係に着目し，牧野修也（2006，2007）は，山形県庄内地方の農村地域を事例に，農家の後継者としての長男が農業高校への進学を決意することによって，家と地域社会の後継者であることを意識化し，自明化していくプロセスを明らかにした。また，学校文化が強くない地域社会の場合，学校そのものがそうした機能を有しないことも考えられる。牧野修也（2016）は，「地域社会への意識づけ」のための契機としての集落芸能の意味にも注目する。牧野は，長野県南佐久郡小海町親沢集落に継承される人形三番叟に役者として携わる若者の"最初は，嫌だったけれど，1年・2年・3年とともに，やらなくちゃいけないし，やっていかないといけないという気持ちになる，だから，年が明けると，三番叟のスイッチが入るようになってきた"という語りを手がかりに，三番叟という集落芸能に関わることが，親沢という集落＝地域社会の一員としての意識と地域社会を継承することを考える契機になったと指摘する。牧野は，先にあげた語りを手がかりにして，地域社会への思いが所与のものではなく，集落芸能に携わる中で構築されてきたものであると指摘し，集落芸能は地域社会に対するアイデンティティ形成に資するものであるとしている。この指摘からは，ムラ的

な社会においても，地域社会に対する参加意識も創りだされていく側面があることがわかる。

一方，農村とは異なり，「流動」的な都市においても，居住面だけでなく地域交流という側面をも視野に入れた新たな動きが生じつつある。荻窪家族プロジェクト（2016）の中で，澤岡詩野は，自らもプロジェクトのメンバーとして加わっている「荻窪家族プロジェクト[16]」の実践を通じて，多世代間による居住と交流の場である空間と場を，新たに創りだす可能性を見出している。澤岡は，高齢化と地域コミュニティの弱体化と近隣同士のつながりの希薄化が進み，とりわけ，職住分離型のライフスタイルで現職時期を過ごした人の地域社会レベルでの関係形成力の弱さに問題を見出す。

澤岡の議論で注目するべきは，これらの問題は，企業退職男性だけの問題ではなく，女性の中にも一定の割合存在していることの発見である。これまで，女性は，子どもを通じた社会関係の存在や趣味等によってつながった関係があるために，高齢期における地域社会の中においてもある程度の関係性を有していると理解されてきた。しかし，澤岡は，子どもが大きくなることによるママ友の喪失，または，就労先がなくなることによる同僚の喪失といった状況があり，「お一人様」の老後は，女性であっても豊かなものとは必ずしもいえないという。そこでは，男性と同じ「社会的な孤独」を感じる人も少なくないとする。血縁関係に基づく家庭という関係や同僚や同級生といった組織的枠組みに基づく関係のほかに，個々の興味や関心を共有する関係の重要さを指摘し，この関係に基づいて創られる場が「第三の居場所」としての意味を有することに，澤岡は着目する。

そして，この「居場所」が，やすらぎ感や「ありのままでの自分でいられる」感や「自分が誰かの役に立っている」感を得られる場であり，家族や職場・学校とともに，都市の魅力のある時間や空間のひとつとして存在することを指摘する。そして，「第三の居場所」づくりは，高齢期に入ってからのものではなく，生涯にわたるライフステージを通じて築き上げていくものであるとする。それゆえに，高齢期の居住の場としてだけではなく，多世代にわたる居

住関係，そして，居住者のみという「内向き」の関係ではなく，一定の条件を満たした者というメンバーシップの確認はあるものの「外に広がる」可能性を有するコモン的空間[17]を創ることで，新しい人間関係と地域社会との関係を創る可能性を見出していく。また，それらを創りあげる過程で，さまざまな専門家や関係者との間での議論や学びを通して，創発特性的な社会関係が生み出されていくとし，そうした試みに広がりが生じつつあることを指摘する。

農村社会と都市社会の違いもあり，一見すると，全く異なる事例に見えるかもしれない。しかし，ここからは，日常の生活の場における新たなる関係性の発見と創出ということも見出すことができ，地域社会が無効化したとはいえない状況も生み出している。だが，そのためには，周囲の人びととの間に日常的な関係を創ることが必要であることが，改めて確認される。

5．災害により生み出される社会的弱者

岡田広行（2015）は，東日本大震災後の東北地方各地の取材活動を通じて，仮設住宅での暮らしの中で生じていく健康問題や貧困の固定化の問題，子どもの遊びの場や学校などの居場所の問題，生業再建の問題の中で，「被災弱者」が生み出されていく現実を描き出す。それとともに，「暮らしの再建」よりも「復興事業という名の巨大プロジェクト」が優先されてしまっている現状があることを指摘する。そして，そのことは「被災者の生活再建は進まない」だけでなく「生活困難者の続出は避けられない」とする。この指摘からもわかるように，国家事業というマクロな側面が優先され，「日常の生活」の再建は後回しにされるだけではなく，国家事業に合わさせられてしまう現実を余儀なくされることが，あからさまに露出されていく。

しかし，それとともに，「若く頑健な人と，身体が弱かったり障害を抱えていたりする人では，同じ環境でも持つ意味が異なる。復旧に向かう過程で，経済的背景が持つ意味は小さくない」（三井さよ 2014）ということは考えなくてはならない。1995 年の阪神・淡路大震災に，いわゆる「災害弱者」と呼ばれ

る人びとの存在が指摘され，そうした人びとが避難所を利用しにくい状況があるという事実は，その後の大規模な自然災害時においても同様の指摘が行われてきた。また，全国社会福祉協議会 (2014) には，福祉避難所やそれに類する施設が存在しても，情報伝達等で課題があったことが報告されている。だが，三井は，このような人びとを「災害弱者」としてのみ切り分けることだけでは不十分であるとする。三井は，災害時とは，「その人のこれまで生きてきた人生や育んできた関係性，その人なりの思いが問われてしまったり，想起される」時であり，それゆえに，「個々人の固有性が浮上する瞬間である」とする。ところが，「弱者」として位置づけられることによって福祉の対象者とされることは，それまでの日常生活の中で担ってきた多元的な役割や地位が奪われることにつながる危険性があるとする。もちろん，それは支援の対象とするべきではないということではない。三井の指摘のポイントは，「弱者」として福祉の対象とすることは，支援の対象とされていない「われわれ」とは異なる存在としてしまうことにある。それでは，日常生活の中で創りあげてきたつながりを切断することになるとする。そこでは，われわれと同様に，「自分なりに他者と関係を結び，自分の生を意味づけつつ生きている，固有の人」であるという視点が重要であるとする。それが失われることは，社会とのつながりから排除されたような感覚を与えてしまうことを意味するのである。

　日常の生活の中で創りあげてきたこうしたつながりを，根底から崩してしまったのが，福島第一原子力発電所の事故である。原発事故は，住み慣れた土地を離れることを余儀なくさせていった。先に見たように，地域のつながりとは超時間的なものと日々の交流を通じて創りあげられていくものである。しかし，原発事故による土地の放射能汚染は，子や孫以上の代に至るまで，その土地に暮らすことを難しくさせてしまった。「自分はそこに暮らし続けていきたいという想い」と「子や孫といった若い人びとを，ここに暮らし続けさせることはできない」という両義的ともいえる気持ちとともに，苦渋の決断と割り切れない想いを抱えて生き続けることを余儀なくされる。それは，本人たちの意に反しての選択を強制されるものである。そして，問題はそれだけではない。

原発事故以前は親しい関係であったにもかかわらず，自主避難をするのか／避難をしないのか，強制避難解除後に帰村するのか／帰村しないのかといった原発事故以後の対応を巡って，それまでの人間関係を破壊することも，多々存在する。また，生産された農産物の販売や知人や親戚に送ることを控えざるをえないことも生じた。このことは，単に農産物を作り販売するという経済的な問題に留まるものではなく，農産物を通じて創りあげてきたつながりが断ち切られてしまったという事例も多く存在する[18]。

これらのことは，政治的対応という問題ではなく，日常生活の関係をも毀損するものである。こうした問題は時間が解決してくれるものではない。むしろ，解決されないままに続いていく場合や「溝」が深まっていくこともある。そして，問題の解決の見通しがつかないままに続きながら，なおかつ，自分たち当事者以外には「過去のこと」とされるのではないかという思いの中で進んでいくこと[19]で，つながりが，時にはより見えにくくなっていく。そして，山本薫子ら（2015）が指摘するように，原発事故による避難者に対する避難先での対応は，必ずしも好意的なものであるとは限らない。

また，原発事故やその影響については，三浦直子（2011）が指摘したように，ネット空間上では，自分の考えに近い者だけの意見だけを取り入れ，それ以外は存在すらも否定する動きが強くなり，それがあたかも「正しい情報」であるかのように，情報として流通してしまい，そして，自身と異なる立場を否定・揶揄するだけになってしまっている。土井隆義（2004）は，中学生や高校生といった少年同士の関係において，「自己意識の感覚化とそれにともなう断片化」による「自律的指針」の喪失が生じたと指摘する。その結果，「親密圏内の他者からの自己承認を絶えず与えてもらうことによってしか，自己肯定感の安定性を保つことができなくなっている」とする。三浦の指摘を併せて考えると，土井の指摘は，少年の問題だけに留まらないだろう。自分自身と同質的なものだけを受け入れ，異質なものは否定していく可能性をすべての人が有していることには注意していく必要があるだろう。

こうした状況は，改めて，居住を巡る人と人とのつながりの創りかたを，強

く問うている。しかし，この問題の「解答」は，ここで出せるものではない。そこに暮らしていきたいという人びとの想いを前提として，他人事の問題としてではなく，自己と他者との間には同質性だけではなく，異質性をも存在することを踏まえて，主体的に取り組まなくてはならない問題としてある。

【注】
1）農山漁村の集落を「コミュニティ」と表現することに異を唱える立場が，農村社会学と都市社会学の領域にはある。もちろん，それは村落共同体的なるものと異なる地域社会モデルを描き出すためのコミュニティ概念を彫琢してきたことや都市的なるものと異なる特質をもつ地域社会として農山漁村を描き出してきた研究の流れから見ると，当然の批判であるが，本章においては，両者を「コミュニティ」としてとらえていく。
2）もちろん，この指摘は，東京圏といったような大都市圏で生じている「広域化」とは意味を全く異にする。この場合の広域化とは，日常生活における恒常的な交流と共同を可能とする限りでの広域化である。
3）ワースは，急激な人口増加が進み，巨大都市となっていくシカゴに設立されたシカゴ大学社会学部に所属し，都市社会に生じる社会問題を研究した。当時，シカゴは「社会的実験室」とも呼ばれ，都市社会を中心テーマとする社会学者が集結し，さまざまな角度から都市をとらえるとともに，多くのモノグラフを提出した。この社会学者集団はシカゴ学派と呼ばれ，その議論は「社会解体モデル」といわれる。議論の特徴として，ワースの「アーバニズム論」とE.バージェス（Burgess, E.）の「同心円地帯理論」があげられる。
4）赤枝は，論文の中では，3つの立場を「コミュニティ喪失論」「コミュニティ存続論」「コミュニティ変容論」としているが，本章の3つの立場と同様と考えてよい。
5）地域自治会組織は，町内会・町会・区・常会・コミュニティなどのさまざまな名称で呼ばれているが，本章では，それらを一括して地域自治会と表記していく。
6）この点については，序論の注2で触れた五十嵐泰正（2012）の議論も参照。
7）2015年11月4日放映の当該番組の内容については，次の当該番組のホームページで確認することができる。http://www.nhk.or.jp/gendai/articles/3727/1.html（2016年10月21日最終アクセス）
8）五十嵐のこの議論は，福島第一原子力発電所の事故による柏市の放射能汚染

に際しての住民グループの活動と柏市との間に生じたことを分析しての議論であるが，地域社会レベルでの問題解決を図る際の住民組織と行政の関係に置き換えてみることも可能であろう。
9) 過疎を法的に定義づけると，過疎地域自立促進特別措置法においては，「人口の著しい減少に伴って地域社会における活力が低下し，生産機能及び生活環境の整備等が他の地域に比較して低位にある地域」と定義され，法律によって定められた特定期間における「人口要件」と「財政力要件」に基づいて市町村単位で指定されている。

　もちろん，この定義は法的なものであり，人口減少が要因となって，医療や教育や防災などの一定の生活の基礎的な条件が保障されなくなり，人口減少と高齢化が進行することによって，今後，地域社会で暮らすに当たって，従来の生活パターンを継続することが難しくなっていく状況になっていくことが予測される地域社会と見ることができる。
10) 中国新聞社は，中国山地の過疎の状況を『中国山地　上・下』(1967, 1968)，『新中国山地』(1986)，『中国山地　明日へのシナリオ』(2004) と長期にわたるルポルタージュを描いている。
11) 社会学においては，村については，鈴木榮太郎 (1940, 1968) 以来，江戸期における村を自然村，明治期の町村制施行にともなって設置された村を行政村と区別をしている。
12) フード・デザート問題については，農山村部にも存在するが，都市の郊外部においても深刻な問題として存在する。農山村においては，すべての場所で保障されているものとはいえないが，定期的に集落を訪問する自動車による引き売りの組織が進みつつある地域は増加している。ひとつの事例としては，「移動スーパーとくし丸」http://www.tokushimaru.jp/ (2016年11月15日最終アクセス) という取り組みがあり，しばしばメディアでも紹介されている。それに対して，都市圏，とりわけ，郊外住宅地においては，ショッピングセンター撤退後の問題が解決されない状況が続いていることがある。フード・デザートの問題については，薬師寺哲郎編著 (2015)・岩間信之編著 (2013) を参照。
13) この場合の核家族化とは，核家族の量的増加を意味するものではない。「核家族で暮らすことが当たり前である」という意識の一般化を指している。現在,「老親が子どもの誰かと同居することが当たり前である」という考えを，親世代においても子世代においても支持する人が減少している状況を指している。
14) 増田レポートについては，増田寛也編著 (2014) を参照。
15) 尾川満宏 (2011, 2012) では，高校卒業後に上級学校に進学することなく就職した若者たちが，「地元つながり」を手がかりに職に就いていく状況を事例

16) 荻窪家族プロジェクトでは，賃貸の居住スペースだけではなく，会員制のコモンスペースを創ることで，地域社会との接点の場を創ろうとしている。この点でコーポラティブハウスとの違いがあるといえる。 http://www.ogikubokazoku.org/（2016年11月13日最終アクセス）
17) 居住という機能は，生活においては非常に大きな比重をもつものであるから，居住とセットで考えるということは，ハードルが高く感じる人もいるであろう。こうした「第三の居場所」的な空間は，「荻窪家族プロジェクト」とは異なるスタンスでも考えられるものである。たとえば，「コミュニティカフェ」という動きも注目することができる。コミュニティカフェについては，田所承己（2014），小村由香（2014）を参照。
18) この問題は福島県だけの問題に留まるものではなく，関東地方においても「ホットスポット」と呼ばれる地域が発生した。千葉県柏市でのこの問題に対する取り組みは，五十嵐 泰正「安全・安心の柏産柏消」円卓会議（2012），五十嵐・開沼博（2015）での五十嵐の議論が詳しい。特に，前者の事例は，五十嵐自身が中心メンバーとして取り組んだものであり，当事者の問題対処の実践としても読むことができる。なお，震災以前の柏でのまちづくりについては松山礼華（2016）を参照。
19) 東日本大震災後の被災地を描いたドキュメンタリー映画は多くのものがある。長谷川健一監督『飯舘村わたしの記録』(2013)・井上淳一監督『大地を受け継ぐ』(2015)・古居みずえ監督『飯舘村の母ちゃんたち　土とともに生きる』(2016)は，原発事故による理不尽な状況に追い込まれた人たちの想いを描いた映画としてあげられる。

【引用・参考文献】

赤枝尚樹（2011）「都市は人間関係をどのように変えるのか―コミュニティ喪失論・存続論・変容論の対比から」『社会学評論』62巻2号

浅川達人・玉野和志（2010）『現代都市とコミュニティ』放送大学教育振興会

Bourdieu, P. & Passeron, J. (1970) *La Reproduction*, Editions de Minuit. (=1991, 宮島喬訳『再生産論』藤原書店)

Bourdieu, P. (1982) *Ce que parler veut dire : L'economie des echanges, linguistique*, Fayard. (=1993, 稲賀繁美訳『話すということ―言語交換のエコノミー』藤原書店)

中国新聞社（1967/1968）『中国山地　上・下』

――(1986)『新中国山地』
――(2004)『中国山地　明日へのシナリオ』
土井隆義（2004）『「個性」を煽られる子どもたち―親密圏の変容を考える』岩波書店
柄本三代子（2016）『リスクを食べる―食と科学の社会学』青弓社
Fischer, C. S., (1975) Toward a Subcultural Theory of Urbanism, *A J S*, Vol.80.（＝奥田道大・広田康生訳「アーバニズムの下位文化理論に向けて」奥田道大・広田康生編訳(1983)『都市の理論のために―現代都市社会学の再検討』多賀出版）
藤井勝（2013）「東アジアにおける地方的世界　序説」藤井勝・小林和美・高井康弘編著『東アジア「地方的世界」の社会学』晃洋書房
Ganz, H. J., (1962) Urbanism and Suburbanism as Ways of Life:Re-evolution of Definitions. A.M.Roses ed., *Human Behavior and Social Process:An Interractuionist Approach.*
――, (1982) *The Urban Villagers : Group and Class in the Life of Italian-Americans,* The Free Press.（＝2006，松本康訳『都市の村人たち―イタリア系アメリカ人の階級文化と都市再開発』ハーベスト社）
濱嶋朗・竹内郁郎・石川晃弘編（1997）『新版社会学小辞典』有斐閣
細谷昂（2002）『現代と日本農村社会学』東北大学出版会
――（2012）『家と村の社会学―東北水稲作地方の事例研究』御茶の水書房
五十嵐泰正（2012）「多文化都市におけるセキュリティとコミュニティ形成」『社会学評論』62巻4号
――（2012）「安全・安心の柏産柏消」円卓会議『みんなで決めた「安心」のかたち―ポスト3.11の「地産地消」をさがした柏の一年』亜紀書房
五十嵐泰正・開沼博責任編集（2015）『常磐線中心主義』河出書房新社
石田光規（2007）「誰にも頼れない人たち― JGSS 2003から見る孤立者の背景」『季刊会計経済研究』73
岩間信之編著（2013）『フードデザート問題―無縁社会が生む「食の砂漠」（改訂新版）』農林統計出版
菅野仁（2008）『友だち幻想―人と人の"つながり"を考える』筑摩書房
吉川徹（2001）『学歴社会のローカル・トラック―地方からの大学進学』世界思想社
倉沢進（1990）「町内会と日本の地域社会」倉沢進・秋元律郎編著『町内会と地域集団』ミネルヴァ書房
牧野修也（2006）「（研究ノート）農家後継者への『教育戦略』の転換と農業高校―山形県立庄内農業高校の事例から」『年報村落社会研究42 地域における教育

と農』
──（2007）『農家後継者の「教育戦略」──農村市民社会を目指して』ハーベスト社
──（2016）「中山間地の集落芸能の継承と意味変容──長野県南佐久郡小海町親沢集落・人形三番叟の事例から」専修大学人間科学学会編『専修人間科学論集社会学篇（6）』
増田寛也編著（2014）『地方消滅』中央公論新社
松山礼華（2016）「若者の地域参加に向けた組織構造に関する一考察──千葉県柏市のまちづくり団体を事例に」『地域社会学会年報』28
三井さよ（2014）「普通の固有な人としての『災害弱者』──支援と制度化のあいだで」荻野昌弘・蘭信三編著『3・11以前の社会学──阪神・淡路大震災から東日本大震災へ』生活書院
三浦直子（2011）「ケータイ社会と断片化する個人──通信メディアの変遷と社会意識の変容」春日清孝・楠秀樹・牧野修也編『〈社会のセキュリティ〉は何を守るのか──消失する社会／個人』学文社
仁平典宏（2011）『「ボランティア」の誕生と終焉──"贈与のパラドックス"の知識社会学』名古屋大学出版会
落合恵美子（1994）『21世紀家族へ──家族の戦後体制の見方・超え方』有斐閣
小田切徳美（2009）『農山村再生』岩波書店
──（2014）『農山村は消滅しない』岩波書店
荻窪家族プロジェクト編著（2016）『荻窪家族プロジェクト物語──住む人・使う人・地域の人みんなでつくり多世代で暮らす新たな住まい方の提案』萬書房
尾川満宏（2011）「地方の若者による労働世界の再構築──ローカルな社会状況の変容と労働経験の相互連関」『教育社会学研究』88号
──（2012）「『地元』労働市場における若者たちの『大人への移行』──社会化過程としての離転職経験」『広島大学大学院教育学研究科紀要．第三部，教育人間科学関連領域』61巻
岡田広行（2015）『被災弱者』岩波書店
小村由香（2014）「コミュニティカフェに集う人びと──地域における居場所とコミュニケーションの変容　選択縁・相互承認・多世代交流」長田攻一・田所承己編『〈つながる／つながらない〉の社会学──個人化する時代のコミュニティのかたち』弘文堂
大野晃（2009）「山村集落の現状と集落再生の課題」『年報村落社会研究45　集落再生──農山村・離島の実情と対策』農山漁村文化協会
佐久間政広（1999）「山村における高齢者世帯の生活維持と村落社会──宮城県七ヶ

宿町Y地区の事例」『村落社会研究』5巻2号
鈴木榮太郎（1940/1968）『日本農村社会学原理上・下』未來社
竹内利美編（1963）『東北農村の社会変動―新集団の生成と村落体制』東京大学出版会
田所承己（2014）「コミュニティカフェとモビリティ―地域空間における〈つながり〉の変容」長田攻一・田所承己編『〈つながる／つながらない〉の社会学―個人化する時代のコミュニティのかたち』弘文堂
玉野和志（2005）『東京のローカル・コミュニティ―ある町の物語一九〇〇―八〇』東京大学出版会
玉里恵美子（2009）『高齢社会と農村構造―平野部と山間部における集落構造の比較』昭和堂
田村公人（2015）『都市の舞台俳優たち―アーバニズムの下位文化理論の検証に向かって』ハーベスト社
Tönnies, F., (1887) *Gemeinschaft und Gesellschaft*, Leipzig.（= 1957, 杉之原寿一訳『ゲマインシャフトとゲゼルシャフト』岩波書店）
徳野貞雄（2008）「農業の現代的意義」堤マサエ・徳野貞雄・山本努編著『地方からの社会学―農と古里の再生を求めて』学文社
徳野貞雄監修，牧野厚史・松本貴文編（2015）『暮らしの視点からの地方再生―地域と生活の社会学』九州大学出版会
辻竜平（2011）『中越地震被災地研究からの提言―未来の被災地のために』ハーベスト社
植田今日子（2016）『存続の岐路に立つむら―ダム・災害・限界集落の先に』昭和堂
Wellman, B., (1979) "The Community Question : The Intimate Networks of East Yorkers." *A J S*, Vol.84.（= 2006, 野沢慎司・立山徳子訳「コミュニティ問題―イースト・ヨーク住民の親密なネットワーク」野沢慎司編・監訳『リーディングネットワーク論―家族・コミュニティ・社会関係資本』勁草書房
薬師寺哲郎編著（2015）『超高齢社会における食料品アクセス問題―買い物難民，買い物弱者，フードデザート問題の解決に向けて』ハーベスト社
山本薫子・高木竜輔・佐藤彰彦・山下祐介（2015）『原発避難者の声を聞く―復興政策の何が問題か』岩波書店
山下祐介（2008）『リスク・コミュニティ論―環境社会史序説』弘文堂
―― （2009）「家の継承と集落の存続―青森県・過疎地域の事例から」『年報村落社会研究　集落再生―農山村・離島の実情と対策』45 農山漁村文化協会
―― （2012）『限界集落の真実―過疎の村は消えるか？』筑摩書房

――(2013)『東北発の震災論―周辺から広域システムを考える』筑摩書房
――(2014)『地方消滅の罠―「増田レポート」と人口減少社会の正体』筑摩書房
山下祐介・市村高志・佐藤彰彦(2013)『人間なき復興―原発避難と国民の「不理解」をめぐって』明石書店
吉原直樹(2013)「安全・安心コミュニティの形成のために」吉原直樹編著『安全・安心コミュニティの存立基盤―東北6都市の町内会分析』御茶の水書房
全国社会福祉協議会(2014)『災害時の障害者避難等に関する研究報告書』

第5章　ペットと家族と地域社会のセキュリティ

　いつの頃からか，ペットを「ウチの○○ちゃん」と呼ぶ飼い主が多くなったと感じる。同時に番犬として玄関につながれる飼い犬が少なくなったと思う。現代社会におけるペットとしての飼い犬は，小型犬化し室内犬として飼われている。さらに，社会の変化に呼応して，飼い主と飼い犬の関係は大きく変化したのではないかとも思える。

　本章では社会のセキュリティをどう生きるかという課題に対して，「ペットフレンドリーなコミュニティ」を素材として用いて，その成立条件と可能性を論じる。一例として筆者らが実施した「ペットフレンドリーなコミュニティ調査」[1]のデータをもとにして議論を展開する。この議論はペットを家族とコミュニティの一員として位置づけ，構築された「ペットフレンドリーなコミュニティ」が，ペットのセキュリティにどのように機能しているかを論じることでもある。

1. ペットを飼っているのはだれか

1-1 ペットのセキュリティと「人間的な生活様式」

　ペットにとってのセキュリティの実態に焦点をあてる場合，コミュニティの生活様式に注目することはひとつの手がかりになるだろう。橋本和孝は生活様式のあり方を「人間的」な生活の視点から考えている。橋本のいう「人間的」な生活とは，①自然性，②共同性・友愛性，③文化性，④自立性，⑤開発性が保障される生活である。それぞれについて橋本は，①自然性とは人間の自然性，生存や健康の保障，安全な生活，公害のない生活であり，②共同性・友愛性とは人間が社会的存在・共同的存在であること，共生や援助，人と人のコミュニケーションが行われ，孤立していない，③文化性とは社会的文化的生活が営めること，④自立性とは個人の尊重であり，基本的人権の尊重であり，社会人として社会生活が営めるような人間としての自立であり，⑤開発性とは自己実現の追究であり，生きがいある生活であると説明している（橋本 1994：4）。

　このような生活を飼い犬と飼い主にとってセキュリティが確保された，コミュニティと位置づけることは可能である。これらを具体的なコミュニティに当てはめると，橋本のいう「共同性・友愛性」がコミュニティ論のひとつの焦点と考えることができる。本章において展開したい課題のひとつは，橋本のいう「共同性・友愛性」をどのように展開するかである。本章ではさらに具体的にペットと家族，そして別の家族，さらにコミュニティへという展開の方向性となるだろう。

1-2 非親族者排除とペット

　「ペットフレンドリーなコミュニティ」を考えるにあたって，飼い主とその家族の特徴を考えることにしよう。家族社会学者落合恵美子は，支配的であった家族観・家族理論を「脱構築」する目的で，近代家族の8つの特徴を提示している。落合のいう特徴とは，①家内領域と公共領域との分離，②家族構成

員相互の強い情緒的絆，③子ども中心主義，④男は公共領域・女は家内領域という性別分業，⑤家族の集団性の強化，⑥社交の衰退とプライバシーの成立，⑦非親族の排除，⑧核家族（落合 1996：26）である。

　ペットとの生活を考える場合，①〜⑧の点はすべて関係があると考えることができる。特に②「情緒的絆」，③「子ども中心主義」，⑤「集団性強化」，⑦「非親族の排除」は関連が深い特徴である。先にあげた「ウチの○○ちゃん」とは，家族が総がかりで飼育するという点では，集団性の強化であり，「情緒的絆」の強さとみることができるだろう。「子ども中心主義」と「非親族の排除」については，どのように考えればよいのだろうか。子どもをペットに置き換えて，「ペット中心主義」とみることが可能ではないだろうか。一方で「非親族の排除」はどうだろうか。「ペット中心主義」は「非親族の排除」と矛盾しているのだろうか。それともペットは排除される存在ではなく，かけがえのない存在として中心に位置づけられるのだろうか。この点は本章後半でデータから明らかにしたい。

1-3　不安の類型と「リスク社会」

　ペット・飼い主・飼い主ではない住民にとってのセキュリティが保障される，「ペットフレンドリーなコミュニティ」を考えるにあたって，対極に位置する，不安の存在を前提としたセキュリティを求める意識について考えてみよう。このことは，セキュリティが危ういならば，厳重にセキュリティが保障された空間を，設置すればよいという考え方である。こうした意識は漠然とした「不安」の存在によって導かれるものであると考えられる。ここでは個人住宅セキュリティシステムや「ゲイテッド・コミュニティ」を念頭に置き，「私的空間において監視カメラなどの警備機器設置によって，得られる安全であるという感覚をもたらす仕掛け」をさすものとする。スターンズは現代アメリカ人の抱く「不安」を以下の3つに類型している（Stearns 2006：5）。

　⑴ 個人的な不安やリスクの再評価によるもの。特に衝動的な感情による弱者への被害

(2) メディアによる不安の流布と喧伝

(3) 集合的な危険に対する反応

　この類型は現在の日本社会においてもあてはまる類型である。類型(1)から(3)は漠然とした不安によりセキュリティを求める意識に直結している。今日，このような意識を背景とした文献は数多く出版されている。その多くに共通するのは，安全を求める欲求と監視されることへのジレンマである。「不安」の解消をセキュリティの購入に求めるのはなぜであろうか。この点について現代を「リスク社会」と考えるウルリッヒ・ベック（Beck, Ulrich）は，「階級社会」から「リスク社会」への変動において，社会の原動力としてのエネルギーが変化したことを理由として考える。ベックは「階級社会」の発展力は「平等」という理想であり，「リスク社会」においては「不安」が社会を発展させる運動エネルギーであると考える（Beck 1986 = 2006 : 75）。その理由として考えられるのは，漠然とした不安によるセキュリティは具体的であり触知的であるからである。一方で，こうしたセキュリティの集積によって，「コミュニティ」が実現するものでないという悩ましい事実がある。

1-4　2つのセキュリティ

　不安によって求められるセキュリティと対比するために，「地域のセキュリティ」を位置づけよう。ローガンとモロッチは「地域のセキュリティ」を地域の「使用価値」という視点で検討し，その要素を以下のように論じている。彼らは地域の特性を左右する要因として，使用価値（Type of use value）と交換価値（The exchange value）をあげている。ローガンとモロッチによれば交換価値は企業や政府によって左右され，地域にとっての脅威となりうる。一方で，ローガンとモロッチは使用価値が①日常的な行動，②インフォーマルなサポートネットワーク，③安全と信頼，④アイデンティティ，⑤集住的利益，⑥エスニシティからなるとしている。①日常的な行動とは，日常的な欲求を満たすための行動であり，買い物や通学，育児などをあげている。②インフォーマルなサポートネットワークは，子ども預かりや庭仕事，雪かきなど日

常的な人間関係から，政治的つながりによる問題解決をも含む。ここで取り上げる「ペットフレンドリーなコミュニティ」もここに位置づけられるだろう。③安全と信頼は，防犯における共同や地域におけるメンバーシップである。③はこの章で扱う課題の基盤をなすものと見ることができる。④アイデンティティについては，人びとが地域の名前を社会全体における位置を示すために用いることがあるように，地域がアイデンティティの重要な資源となっていることを示している。⑤ 集住的利益，同質の人びとの大きな集住は特定の下位文化の成立を促進する。「ペットフレンドリーなコミュニティ」においては，ペットを媒介として連なる「ペット友人」のネットワークでもある。⑥ エスニシティ，地域の利益は共有されたエスニシティにおいて保護される。この場合エスニシティが集住による地域生活の，全般的利益の概要的な特徴を示す（Logan and Molotch 1987：103）。彼らの論じる「地域のセキュリティ」は，不安によって求められるセキュリティとは異なる位置取りとなっている。

2．ペットはどこにいるのか

2-1　コンパニオン・アニマルとしての飼い犬

　振り返ると，室内で飼育される飼い犬は，かつては番犬として家族空間を守る役目を担っていた。この意味で飼い犬は家族のセキュリティを実現する担い手であった。カナダ出身でイギリスの獣医師であるブルース・フォーグルはペットと家族の新しい関係について論じている。フォーグルによれば，ペットはその家族を映す鏡である。ペットをめぐる理解の上では，だれが手に入れたか，だれのものとされているか，だれが責任をもっているかを知る必要がある。彼はペットが家族アルバムにおいて赤ちゃんのような位置を占めていると論じる（Fogle 1984=1992：75）。飼い犬は番犬から，愛され守られる対象となったのだ。

　打越綾子（2016：7-9）は高まりつつある，動物への配慮を求める議論を以下のように整理している。

(1) 動物の権利論の立場：人権と同様な権利主体として，人間による動物のあらゆる利用を否定する。
(2) 動物福祉論，アニマル・ウェルフェア論：人間による利用を可とした動物福祉の立場，合理的に必要のない苦痛などは避けるべきと考える。
(3) 動物解放論：人間と動物の扱いに差別を設ける合理的理由がないと考える。
(4) 動物愛護論：動物の命や安寧を願う情緒的な議論。

このような新たな議論を背景とするならば，飼い主と飼い犬の関係は再考の必要がある。アメリカ人の応用動物行動科学者アラン・ベック（Beck, Alan）らは，犬を家族の一員と同様に扱う「コンパニオン・アニマル」として取り上げる必要性を論じている。ベックらはコンパニオンとは，「一緒にパンを食べる関係」であるとし，家族の一員として位置づけている。その表れとしてアメリカにおいて，子どものいる家庭でのペットが多く，一人暮らしの家庭では15％が犬を飼い，子どものいる家庭では72.4％，子どものいないカップルでは54.4％がペットを飼っている（Beck and Aaron 1996=2002：63）。彼らにとって「コンパニオン・アニマル」としての犬は，飼育に適した住居に居住する経済的なゆとりがある家族にとって，子どもの教育のために良く，かけがえのない存在である。残る問題として，飼育経験や家族構成が異なる，さまざまな家族にとって「コンパニオン・アニマル」としての犬は，どのように，そしてなぜかけがえがないかという，重要な課題が残されている。この問題を「コンパニオン・アニマルのセキュリティ」と呼んでいいだろう。

「コンパニオン・アニマル」という視点に対して，動物科学におけるマルクス主義的な観点の必要性を提案し，批判的な議論を展開するのはダナ・ハラウェイである。アメリカ人で実験動物学からのちに科学史に転じたハラウェイは，アメリカの63％の家族がペットを飼育し，その数は7,390万匹であることを示す。そこでは上質な餌・用具・サービスの提供を中心として，巨大産業が存在していると論じる。ハラウェイは「コンパニオン・アニマル」としての犬を，資本主義のど真ん中にある商品としてとらえ，生きた資本という，歴史特異的な文脈でこの関係性を整理することが必要と論じている。また，ハラウェ

イは優生学や遺伝学の歴史をひきながら，血統の管理は人も同様であったこと，「コンパニオン・アニマル」としての犬が生産された犬種であり，生物学的人工物であることを指摘し，犠牲や応答能力の排他的支配のロジックが，「動物という存在」を生産していると論じる（Haraway 2008 = 2013：74-92）。本章においては年収や住宅様式，間取り，家族構成を説明変数として，これらを「豊かさ」と呼んでもいい，家族の中のペットとしての犬の存在の実態と意義を論じる。さらに「コンパニオン・アニマル」を商品として，消費の地平に位置づけるハラウェイの議論からは，激烈化するペットに関する市場や情報産業やコミュニケーションを，取り上げなくてはならないだろう[2]。

2-2　家族ペット

「ウチの○○ちゃん」さらには「○○ちゃんのママ」という表現には，家族の一員としてのペットのあり方をみてとることができる。「主観的家族論」の立場に立脚する社会学者山田昌弘は，「家族ペット」という存在を論じる。山田は家族を「代わりのきかない関係，長期的に信頼できる関係，絆」と定義している。山田は現代において家族が「代わりのきかない」「長期的に信頼できる」という点で，ゆらぎの中にあることを指摘している。さらに「ペットの方が家族らしく，家族の方が家族らしくないという現実」がペットブームを作っていると論じている。山田は結婚や家族に対する高すぎる期待が，「ペット家族」という選択肢を現実的なものにしていると論じる。山田の論によれば，家族が欲しいという思いが，「適度な手間をかける必要がある存在」としての小動物に向かうのである（山田 2007：25-61，179-180）。山田はペット産業の今後のキーワードとして，①「ペットを客観的により良い状態にする」ペットの健康産業の発展，②「ペット自慢産業」，③「ペットが飼い主に喜ぶ姿を見せる」，④「ペットとのコミュニケーション」，⑤「忙しい飼い主の負担軽減」，⑥「飼い主の心理的負担軽減」，⑦「ペットと一緒に暮らすインフラ整備」，⑧「ペット産業の人材育成」をあげている（山田 2007：200-210）。

2-3 コミュニティの飼い犬

　飼い犬のしつけは飼い主にとってだけではなく，飼い主ではない住民を含む，地域社会にとっても大きな問題である。この点について，フォーグルによる議論では，犬と飼い主・家族との関係を「ゲーム」として論じる。動物は非言語的コミュニケーションを理解するのが得意であり，交流としてのゲームを飼い主との間で行う。犬は飼い主の前で，人間の子どもならば許されないことを行うと論じる。フォーグルによれば，犬は常に飼い主に挑戦して，最終的な勝利を得ているのである。そこでは飼い主の態度と行動による，飼い犬に対する影響が重要である。言い換えれば，飼い主のペットに対して見せている反応の理解が必要である。さらに，飼い犬は飼い主にとっての「親」の役割を果たしている。飼い主は献身的な姿勢を犬に求めているとフォーグルは論じる（Fogle 1987=1995）。フォーグルによる議論では，「ゲーム」モデルによって飼い犬と飼い主の関係が説明されている。そこには家族からの広がりが見出せない。飼い犬と飼い主の関係を家族から外延するならば，「しつけ」の問題に焦点が定められるだろう。

　ここでのしつけの問題はコミュニティに大きな影響を及ぼす問題である。都市社会学者奥田道大は，都市コミュニティの定義として，「さまざまな意味での異質・多様性を認め合って，相互に折り合いながらともに自覚的，意思的に築く，洗練された新しい共同生活の規範，様式」と定義している（奥田 1995：31）。筆者は奥田のいう「異質・多様性」「新しい共同生活の規範」を具現化した空間として，「ペットフレンドリーなコミュニティ」を位置づけることを試みる。飼い犬をコミュニティの成員に準じて扱い，飼い主の意識によって飼い犬のセキュリティが保障される，「ペットフレンドリーなコミュニティ」が構築されると考える。ここではこの意味で「コミュニティにおける飼い犬」と表現する。コミュニティにおける飼い犬は，共同生活において大きな地域問題となることがある。そしてその問題の解決は，住民の能動的な関わりと意識にあると考えられる。

　意識はさまざまなレベルでとらえなくてはならないだろう。社会学研究にお

いて，「集合的な効果」と「個人による効果」を見分ける作業は重要である。デランティやローガンとモロッチの議論は，「集合的な効果」を扱うものである。「個人による効果」として，「コミュニティ」の成立契機を地域住民の「シビリティ」（Civility）獲得に求める可能性もありうる。「シビリティ」とは市民として求められる「礼儀正しさ」や「丁寧さ」を意味する。セネット（Sennett, R.）は公的な文化の終焉をめぐって，礼儀正しさという意味での「シビリティ」が奪われたことを指摘している（Senett [1974] 1976=1992：367-368）。セネットは「シビリティ」のもつ最も古い意味として「市民の義務」を念頭に置いている。セネットは「シビリティ」を，「人々をお互いから守りながらも，お互いの交際を楽しむことを許す活動である」（Senett [1974] 1976=1992：368）と定義している。また仮面という比喩を用いて，力や不安感，仮面を被っている当人の個人的感情から離れて，純粋な社交性を可能にすることを「シビリティ」の真髄と考える。セネットにとっての「シビリティ」は，他人を見知らぬ人のように扱い，一定の距離を隔てて社会的な絆を作り上げることである。セネットのいう「シビリティ」を「コミュニティ」成立の基礎としてとらえることが可能である。

　フィラデルフィアおよびニューヨークにおいて，韓国人小商店主とアフリカ系顧客の関係について調査研究を行ったリーによれば，社会秩序や日常性は「シビリティ」ある相互行為によって交渉・持続される。リーは社会秩序，日常性，「シビリティ」がありふれた顧客と商店主の相互行為を通じて，交渉され持続されるあり方を検討する。リーの関心は，具体的な活動における秩序の自己生成性と，社会秩序がローカルに生成されるメカニズムを同定することにある。そしてどのように社会秩序，日常行動，「シビリティ」が毎日維持されるかに関心を置いている（Lee 2002：5-6）。リーは秩序の自己生成性とそのローカルな顕在化を扱っている。その論点において「シビリティ」はキー概念となっている。「シビリティ」の一定の高さによって「コミュニティ」が成立しうるかを考えることが可能であろう。

　「ペットフレンドリーなコミュニティ」は「シビリティ」の観点からとらえ

ることが可能である。前述のフォーグルも犬の排泄物放置の問題を，コミュニティの問題として取り上げている。フォーグルによれば，犬の排泄物の問題は，排泄物に含まれる犬回虫の害ではなく，コミュニティの環境美観の問題であり，処理しない飼い主は反社会的と考えられると指摘している（Fogle 1984=1992：133-134）。飼い主の「シビリティ」は「ペットフレンドリーなコミュニティのあり方という観点から論じられる。

2-4 都市の飼い犬

　セキュリティは有無だけでなく，高い・低いという点からも論じることができる。「コミュニティにおける飼い犬」を，「都市の犬」として位置づける視点がある。比較発達心理学の観点からペットにアプローチする柿沼美紀らは，「都市の犬」をめぐる問題として，十分な知識をもたない飼い主との生活が，犬にとってセキュリティが保障されていない生活であることを指摘している。また柿沼によれば，経験の浅い飼い主は獣医師に多くを求める。実際には犬の生活は複雑化し飼い主だけで解決できない問題も増えていると論じている（柿沼ほか 2008：112）。飼い主にとって誰から飼育知識を得ているかは，飼い犬のセキュリティを考えるうえでも，「都市の犬」を考えるうえでも，「コミュニティにおける犬」にとっても重要な問題である。

　アメリカ人の獣医師アーロン・カッチャーと前述したベックも，都市における犬について，都市に特有な問題をあげている。彼らは，1980年時点でのアメリカでの犬飼育世帯を，全体の40％と推定し，飼育世帯当たり1.5頭と推定している。また，単身者に飼われている犬は全体の5％であり，子どものいない家に飼われているのは9％，10代の子どものいる家族の半数が犬を飼っていると推定している。大型犬が深刻な咬みつきの原因となることから，都市においては小型犬が奨励される。さらに，都市においては，飼い犬の総数コントロールの必要性があること，このために2匹以上の場合は特別な評価・犬舎・ライセンスが必要であること，放し飼いの問題性，狂犬病の予防注射の必要性を指摘している（Beck 1983=1994：74）。さらに彼らは，アメリカにおいて5,250

万匹と推定した犬の75％が，都市と郊外で飼われていることを示した。彼らによれば，アメリカでは90年代になると飼い犬は減少しはじめた。その理由は，飼い主の生活様式の変化による。そして，ペットを飼う場合には，仕事や旅行の予定を前提として，家の広さが問題とならず，手がかからない猫を選ぶようになったと論じる。彼らによれば，都市での犬に関する苦情は病気，咬みつき，糞による環境悪化，迷惑行為などである。また，放し飼いにより動物の交通事故や捕獲が多く，犬にとって都市は安住の地ではない。セキュリティ確保の問題の原因の多くは飼い主の不注意や身勝手にあり，責任は重大であることを指摘している。これらの原因により，ペットを飼う人飼わない人は互いに不満をもつのである（Beck 1996=2002：299-323）。

　飼い犬の問題をコミュニティの問題と位置づけるならば，さらに空間の観点からの議論が求められるであろう。アメリカ人で都市の公共環境を専門とする，ロウカイトウ－サイダーリスらは，サイドウォーク（Sidewalk）のレベルからの空間論を展開している[3]。彼女は，サイドウォークが「都市の主なパブリック・プレイス」であり，「都市の非常に活動的な器官」であるという，ジェイコブスによるサイドウォークの定義（1965）を援用しつつ，サイドウォーク利用の多様性を論じている。彼女らは特にサイドウォークでの，通行人に脅威となり不快を与える活動が，認められなくなっていること，望ましくない人物やその活動が，管理される場になったことに注目をしている。このことにより同質的なコミュニティに変質したサイドウォークを，批判的に論じている（Loukaitou-Sideris et al. 2012：3-9）。本章においては，飼い犬をつなぐリードから解放され，自由に飼い犬を遊ばせることができる，公園やドッグパークの意義と機能と社会的文脈に注目する。このようにアメリカにおいては，飼い犬は「都市の犬」であり，セキュリティが保障された，コミュニティにおける「コンパニオン・アニマル」としての犬でもある。

3．調査データから見たペットのセキュリティ

3-1　回答者の概要

　ここからは，2013年秋と2014年秋に，アメリカ合衆国ニューヨーク州ブルックリン市およびカリフォルニア州サンフランシスコ市・バークレイ市で実施した，麻布大学環境社会学研究室による「ペットフレンドリーなコミュニティ調査」の結果をもとにして，飼い犬と飼い主とコミュニティの問題と課題を考えよう。

　合計74名の回答者の性別は男性38名，女性36名であった。回答者の概要を示すと，職業については「給与所得者」「自営業」が多く，世代は30代，40代を中心として，20代から60代までにおよぶ。学歴については「大学卒」「大学院卒」がほとんどであり，収入は日本円換算で「500～1,000万円」「1,001～1,500万円」が多くアッパーミドルクラスである。住宅様式については「集合住宅所有」「集合住宅賃貸」「戸建所有」が回答されている。住宅の広さは2～3ベッドルームが最も多く，同居家族人数は合計で「2人」が最も多い。飼育年数と犬齢については，いずれも「0～3」が多かった。飼い犬のケア担当者は「自分」「自分とその他」となっている。夫婦二人暮らしで，経済的にも豊かであり，前述の「家族ペット」としての飼い犬のあり方が読み取れる。こうした生活は飼い犬にとってセキュリティが確保された状態といえる。

3-2　飼育経験に乏しい飼い主

　回答者の飼育歴については，4ヵ月から12年にわたっている。全体の飼育歴年数をカテゴリー化すると，飼育年数「0～3年」が最も多く，次に「4～6年」となっている。飼育している犬の年齢も同様で「0～3歳」が最も多く，次に「4～6歳」となっている。飼い主は生後間もない仔犬を手に入れ，経験もないままに飼育していることがわかる。このことからはセキュリティに関するリスクを垣間見ることができる。

　飼育方法や知識の入手方法と犬齢でクロス集計すると，ほとんどの犬齢で

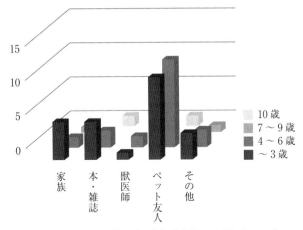

図5-1　飼育方法や知識入手方法と犬齢（N=69）

「ペット友人から知識を得ている」という回答が最も多い。「0～3歳」および「4～6歳」と「10歳以上」では，求める知識の内容が異なると思われる。ペット友人はこの意味で幅広い飼育知識の源泉となっている。同じようにペットを通じて関わりをもつ「ペット友人」という回答をしていても，飼い犬の犬齢によって細分化されていることが考えられる。さらにお互いの飼い犬の犬齢が高くなるに応じて，流通する飼育方法や知識に変容があると考えられる。「子どもとしてのペット」や「家族ペット」という視点からは，育児において子育て課題をどう解決したかという経験も，活かされているだろうと考えてもよい。飼い主はさまざまな手段を講じて飼い犬のセキュリティを確保している。

3-3 「ペット友人」というセキュリティの担い手

2013年調査と2014年調査の結果からは，飼育方法や知識などについては獣医師ではなく「ペット友人」に負うことが多い。この点で「ペット友人」は飼い犬のセキュリティ確保に大いに貢献している。飼育方法や知識の入手方法と飼い主の年齢をクロス集計すると，すべての年齢で「ペット友人から飼育知識を得ている」という回答が最も多い。ペット友人は年齢に関係なく，飼育知識

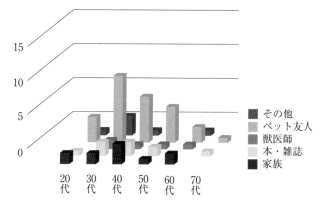

図5-2　飼育方法や知識入手方法と飼い主の年齢（N=70）

に関して知識の源泉と相談相手となっている。「本や雑誌等から知識を得ている」という回答も，ほとんどの年齢において多い。「家族から」という回答は，家族の中でより飼育経験がある者からと考えられる。40代の回答者では「家族から飼育に関する知識を得た」との回答が多い。一方で，加齢により親世代とのコミュニケーションが減少したためか，50代と60代の回答者では「家族から」という回答は少ない。

30代および40代では「家族」と「ペット友人」以外に，「本・雑誌・インターネット」や「獣医師から知識を得ている」との回答が多い。また，「その他」という回答もあり，30代では飼い犬のセキュリティ確保のために，さまざまな対象から知識を得ようと考えていることがわかる。50代および60代以上の飼い主では経験をもとにして飼育をしていると考えられる。

3-4　医療的セキュリティ―動物病院の利用

「飼育のうえで必要な」ペット関連店舗や施設については，「公園」という回答が最も多く，「動物病院」，「ペットショップ」と続いている。「0～3歳」および「4～6歳」では「動物病院」が必要という回答がみられる。「動物病院」は仔犬の飼育にとって必要な施設と考えられている。この点は，前述のフォー

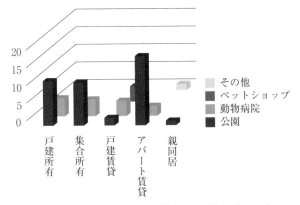

図5-3　飼育に必要な施設と住宅様式（N=71）

グルによる「家族を映す鏡としてのペット」（Fogle 1984=1992）や山田による「家族ペット」（山田 2007）という考えからも容易に理解できる。

「飼育に必要」と考える施設と住宅様式についてクロス集計すると，回答者は犬を遊ばせることができる「公園や広い空間」を必要と考えている。単にセキュリティを確保するためだけならば，庭など私的な空間の方がよいだろう。しかしながら，住宅様式にかかわらず，「公園」を必要と考える回答が最も多い。アパート賃貸の回答者は，戸建住宅のように庭などのスペースがないため，「公園」という回答が多い。一方で「動物病院が必要である」という回答は，住宅様式にかかわりなく回答されている。この点については，医療面でのサポートが必要な飼い主と，医療サポートが必要ではない飼い主に二分されている。この点は「動物病院」には「公園」とは異なる医療的セキュリティ機能があると考えられる。

3-5　飼い犬のセキュリティが確保された預け先

家族旅行時の預け先については，「友人や近所に預ける」という回答が最も多く，「連れて出かける」，「親族者に預ける」，「専門業者に預ける」，「家族旅行をしない」「その他」と続いている。友人や近隣に飼い犬を預けるというこ

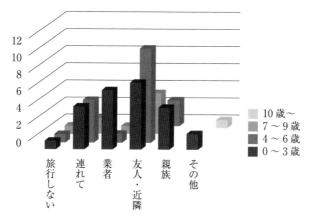

図5-4　旅行時などにおける飼い犬の預け先と犬齢（N=65）

とは，十分なしつけがされているだけではなく，預け先にセキュリティが確保されているということである。犬と過ごす時間が長い飼い主ほど，愛着の度合いが高く，旅行に連れて行くことになると考えられる。この点は，前述のフォーグルによる「家族を映す鏡としてのペット」（Fogle 1984=1992）や山田による「家族ペット」（山田 2007）と同様な感性である。逆に，一緒の時間が長く，「子どもとしてのペット」や「家族ペット」という意識をもたず，愛着の度合いが低い飼い主ほど，犬から解放されたいと考え，預けて出かけようと考える。

　旅行時の預け先と犬齢をクロス集計すると，全体では「友人・近隣」に預けるという回答が最も多い。「0～3歳」では「友人・近隣」や「専門業者に預ける」，「親族に預ける」という多様な選択肢が存在している。「4～6歳」以降犬齢があがるにしたがって，「専門業者に預ける」という回答は少なくなっている。また「7～9歳」以降では「親族に預ける」という回答がない。この点は高齢の飼い犬を，親族にとって預けられることが大きな負担であると，認識しているからと考えられる。このような回答者は「親族」ではなく，互酬性に基づいて「友人・近隣」に預けるか，「旅行しない」か「連れて出かける」に移行すると考えられる。「連れて出かける」は「0～3歳」と「4～6歳」に

多く回答されている。この場合は，「子どもとしてのペット」や「家族ペット」という，家族の一員として連れて行くという意味と，仔犬であり飼い主から離すことが困難であるという意図も考えられる。同様に「友人・近隣に預ける」場合でも，犬にとって長距離の移動が困難であるという場合も考えられる。このように飼い犬の預け先は，セキュリティの高さから判断されている。

3-6 飼育マナーをめぐって

好ましい飼育マナーとは，飼い犬のセキュリティが脅かされないか，他の犬のセキュリティを脅かさないかという飼育のあり方である。飼い主としてイメージの悪いマナーは何かについて，「排泄物の処理をしない」という回答が最も多く，「しつけをしていない」，「必要な予防接種を受けさせていない」，「いつも放し飼いをしている」，「その他」と続いている。ここでのしつけ（Discipline）については，叩くなどの虐待行為を含まないという注釈がされた回答があった。「排泄物の放置」については，飼い犬の衛生面という「飼い主サイド」の問題だけでなく，美観というコミュニティの問題として取り上げら

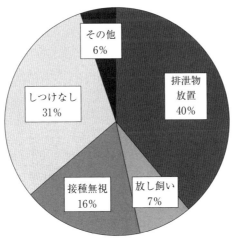

図5-5　飼育マナーの悪い飼い主（N=70）

れることが多いとフォーグルは指摘している（Fogle 1984=1992）。

ロウカイトウ-サイダーリスは，サイドウォークが「都市の主なパブリック・プレイス」であり，「都市の非常に活動的な器官」であると論じる。彼女はサイドウォークでの通行人に脅威となり不快を与える活動が，認められなくなっていること，望ましくない人物やその活動が管理される場になったことに注目をしている（Loukaitou-Sideris et al 2012）。このことはセキュリティが脅かされないということである。飼育マナーの悪い飼い主に付随する問題は，飼い主たちだけの空間であるドッグパークなどにとどまらず，散歩やドッグパークへの経路として，サイドウォークの問題にも直結している。

「飼育マナーの悪い飼い主のイメージ」と「飼い主の年齢」をクロス集計した。「排泄物を放置する飼い主」という回答は，30代の飼い主が最も多い。一方で「しつけをしない飼い主」という回答は40代が最も多い。このことは40代の方が育児経験があり身近な世代であるから，しつけについて意識が及ぶのではないかと考えられる。前述した「家族を映す鏡としてのペット」というフォーグルによる指摘（Fogle 1984=1992）は，「しつけをしない」ことに対する飼育マナーの悪さの意識を説明する。「予防接種無視」と「放し飼い」については，飼い主の年齢との関係はみられなかった。

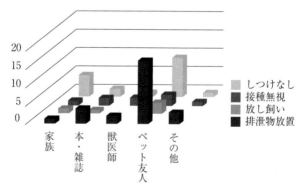

図5-6　飼育マナーの悪い飼い主のイメージと知識入手先（N=63）

「飼育マナーの悪い飼い主のイメージ」と「飼育する犬種」についてクロス集計すると，大型犬を飼育している回答者は，「排泄物を放置する飼い主」と「しつけをしない飼い主」を，マナーが悪いと回答している。大型犬は性格が穏やかで，しつけがしやすい。しかし排泄物の量は多いのでこのような結果となったのであろう。

中型犬を飼育している回答者も同様な回答をしている。一方で，小型犬を飼育する回答者では「排泄物放置」と「しつけをしない」については同様であるが，大型犬と中型犬を飼う飼い主とは異なり，「予防接種をしない」を多くあげている。予防接種をしていないことに対して，悪い飼育マナーと考える回答者が多いのは，アメリカでは犬に関する病気が根絶していないからと考えられる。狂犬病は日本では根絶されているが，アメリカでは症例が発見されている。それ以外の感染症についても同様である。これらの点は小型犬の飼い主にとっては重要な問題なのであろう。

回答者にとって「悪い飼い主のイメージ」と「犬齢」をクロス集計すると，「0～3歳」では「排泄物放置」が最も多い。「排泄物放置」が仔犬にとって健康を害する可能性がある，重要な問題であると考えられている。「4～6歳」では「しつけをしていない」が最も多く回答されている。このことは「4～6歳」になると3歳までにしつけを完了していないことが，大きな違いとして表れるからと考えられる。「7～9歳」では「しつけなし」という回答は少なくなり，「排泄物放置」が多くなる。

「飼育マナーの悪い飼い主のイメージ」と「飼育に関する知識源」についてクロス集計すると，ペット飼育に関する知識を「ペット友人から得ている」という回答者は，「排泄物を放置する飼い主」と「しつけをしない飼い主」を飼育マナーが悪いと考えている。これらについてはペット友人から具体的な知識を得やすい内容である。このことはペット友人が，日常的な出会いの場としての公園や空間に一体の存在として，認識されていることを示している。「本や雑誌から知識を得ている」と回答した飼い主は，すべての選択肢に回答が分散している。「家族から飼育に関する知識を得ている」と回答した回答者では，

「飼い犬のしつけをしないこと」を悪いマナーと考えている。このことは犬の飼育が，子どもの教育に近いものと考えられているからである。そしてしつけをしないことは他の犬のセキュリティを脅かす振る舞いである。さらに犬が家族のペットであることだけではなく，コミュニティの一員であると認識されているからであろう。

ハラウェイ（Haraway 2008 = 2013）が批判するように，小型犬は犬種づくりのために無理な交配をしているために，気性が荒くすぐに吠える犬が多い。また，大型犬・中型犬に比べ，臆病な性格であり，よく吠え人に噛みつくことが多い。そのためにしつけしていないことが目立つといえる。そのためしつけが大型犬よりも難しく，小型犬ではしつけが重要視されている。小型犬のほうがケージに入れられて，出かけることが多いために，しつけに関する指摘が多くなったとも考えられる。調査を実施したドッグパークやドッグランにおいては，登録証のない犬は見かけなかった。予防接種は当たり前のことであり，ドッグパークやドッグランの外での問題と考えられている。調査地においては，犬どうしの攻撃や争いをしばしば目にした。このことはセキュリティを脅かすような，しつけの欠如とは考えられていない様子であった。

4．ペットフレンドリーなコミュニティモデルと同行避難という課題

ここではまとめとして，前述の調査結果をもとにして，ペットにとってセキュリティが保証されると考えられる，ペットフレンドリーなコミュニティのモデルを示すことにする。

- ・年齢：コミュニティモデルとしては，30代および40代を中心として，20代と50代に広がる年齢層を考える。
- ・職業：住民の職業としては「給与所得者」を想定する。
- ・学歴：高学歴層を前提として，モデル構築を試みる。
- ・収入：全体の80％をなす「500～1,000万円」「1,001～1,500万円」「1,501万円～」を想定する。

・居住地特性について：大都市郊外の住宅地を念頭においてモデルを構築する。
・住宅様式について：コミュニティモデルとしては，戸建と集合住宅が混在する形態を想定する。
・住宅規模について：「3名」以上を含む子どもと暮らす家族は，合計で28％である。残りの70％超は子どものいない家族である。コミュニティモデルとしては，若年世代向け「アパート賃貸」，中高年世代向け「戸建住宅」，子どものいない家族または子どもが離れていった家族が想定される。
・飼育歴と犬齢について：コミュニティモデルとしては，初めて犬を飼う飼育経験の少ない飼い主を想定できる。前述の同居者数と飼育経験および犬齢からは，「家族ペット」を飼う「賃貸アパートに住む若年世代」の実態が想定される。
・散歩について：頻度については「1日数回」が最も多く，散歩時間は「30分未満」「30～60分」が最も多かった。「ペットフレンドリーなコミュニティ」としては，異なる犬種の飼い犬どうしのトラブルを避けるために，大型犬・中型犬・小型犬専用に設定された散歩コースを設置することが求められる。
・飼い犬と飼育方法について：コミュニティモデルとしては，大型の飼い犬を「自分」や「その他」により飼育している。同居者数から考えれば，全員で飼育をしているとみてよいだろう。
・ペットフレンドリーなコミュニティイメージについて：「飼育に必要な施設」と「ペットフレンドリーなコミュニティのイメージ」は，大きく異なっている。飼育に必要な施設としては，「公園」という回答が68％であり，「動物病院」は24％であった。この両者については飼い犬の犬齢によって説明された。「動物病院」は獣医療におけるセキュリティであり，犬齢の高い飼い主による回答であった。一方で，「ペットフレンドリーなコミュニティのイメージ」は圧倒的に

「公園」と回答されている。

このように,「ペットフレンドリーなコミュニティ」は,ハードウェアを重視したつくられた空間ではなく,コミュニティの定義にあるような,「意思的に築く,洗練された新しい共同生活の規範,様式」であることがわかる。加えて飼い犬と他の飼い犬のセキュリティが確保された空間と考えられる。

ペットと家族と地域社会をめぐる今後の課題としては,災害時の同行避難があげられるだろう。西川眞里子(2016)によれば,人とペットが避難所でよりよく暮らすためには,飼い主たちが協力し合うこと,飼育エリアの確保と衛生管理,飼育管理に必要な物資や医療に関する要望を動物救護本部に伝えること,悩みをお互いに相談しあう,ペットを介したトラブルを防止するようお互いに努めることが必要であると論じる。また災害においてペットを守るための備えとしては,鑑札,名前札,マイクロチップ等の装着が大切である。ペットが迷子になった場合,動物の災害対策本部,動物愛護センターなどに届けること,ポスターを作成し避難所や近隣に掲示すること,動物愛護センターへの相談に加えて,新聞等のメッセージコーナー,SNSやネット掲示板への投稿が有効であると西川はすすめる。

ペットと家族と地域社会のセキュリティは,異なったものではなく,同心円状に布置されたものと考えることができる。その範囲が大きくなればなるほど,さらにコミュニケーションとイマジネーションが必要となるだろう。

【注】
1) この調査は日本学術振興会科学研究費助成事業・挑戦的萌芽研究「ペットフレンドリーなコミュニティの条件—コミュニティ疫学試論」(2012〜14年 課題番号24653128 代表者大倉健宏)により,麻布大学生命・環境科学部環境社会学研究室によって実施された研究成果の一部である。
2) ペット産業におけるペット虐待問題については,成田青央(2002)やマーティン(1997=2003)を参照のこと。
3) "Side walk" は車道に沿った,歩行者用の歩道である。ここではドゥニエール(Duneier 1999)やロウカイトウ-サイダーリス(Loukaitou-Sideris 2012)が描

き出した，公共的空間を示す意味で「サイドウォーク」と表記する。

【引用・参考文献】

Beck, Alan, (1996) *Between Pets and People: The Importance of Animal Companionship*, West Lafayette: Purdue Press. (=2002, 横山章光監訳『あなたがペットと生きる理由―人と動物の共生の科学』ペットライフ社)

Beck, Alan and Aaron Katcher et al., (1983) *New Perspectives on Our Lives with Companion animal*, Philadelphia: The University of Pennsylvania. (=1994, コンパニオン・アニマル研究会訳『コンパニオン・アニマル―人と動物のきずなを求めて』誠信書房)

――, (1996) *Between Pets and People: The Importance of Animal Companionship*, West Lafayette: Purdue Press. (= 2002, 横山章光監訳『あなたがペットと生きる理由―人と動物の共生の科学』ペットライフ社)

Beck, Ulrich, (1986) *Risikogesellschaft: Auf dem Weg in eine andere Moderne*, Suhrkamp. (= 2006, 東廉・伊藤美登里訳『危険社会―新しい近代への道』法政大学出版局)

Duneier, Michell, (1999) *Side walk, New York: Farrar*, Strauss and Giroux.

Fogle, Bruce, (1984) *Pets and their People*, Viking Press. (=1992, 小暮規夫監訳, 澤光代訳『新ペット家族論―ヒトと動物の絆』ペットライフ社)

――, (1987) *Games Pets Play*, London: Marsh & Sheil Associates. (=1995, 加藤由子監訳, 山崎恵子訳『ペットの気持ちがわかる本―ヒトとペットの心理ゲーム』ペットライフ社)

Haraway, Donna J., (2008) *When Species meet*, Minnesota: University of Minnesota Press. (= 2013, 高橋さきの訳『犬と人がで会うとき―異種協働のポリティクス』青土社)

橋本和孝 (1994)『生活様式の社会理論―消費の人間化を求めて』東信堂

柿沼美紀・和田潤子・榊原繭・浜野由香 (2008)「意識調査から見た飼い主と犬の関係―より良い獣医療およびサービスの提供を目指して」『日獣生大研報』57, pp.108-14

Lee, Jennifer, (2002) *Civility in the City: Blacks, Jews, and Koreans in Urban America*, Cambridge: Harvard University Press.

Logan, John R. and Harvey L. Molotch eds., (1987) *Urban Fortunes: The Political Economy of Place*, Berkeley: University of California Press.

Loukaitou-Sideris, Anastasia and Renia Ehrenfeucht, (2012) *Sidewalks: Conflict and Negotiation over Public Space*, Cambridge: The MIT Press.

成田青央(2002)『ペット虐待列島―動物たちの異議申し立て』リベルタ出版

西川眞里子(2016)「大規模災害時の動物支援活動―災害に備える」2016年10月23日麻布大学祭講演会配布資料

Martin, N. Ann. (1997) *Food Pets Die for: Shocking Facts about Pet Food*, New Sage Press.(= 2003, 北垣憲仁訳『食べさせてはいけない！ペットフードの恐ろしい話』白揚社)

落合恵美子(1996)「近代家族をめぐる言説」井上俊・上野千鶴子・大澤真幸・見田宗介・吉見俊哉編『〈家族〉の社会学―岩波講座現代社会学第19巻』岩波書店, pp.23-54

奥田道大編(1995)『21世紀の都市社会学第2巻 コミュニティとエスニシティ』勁草書房

大倉健宏(2011)「不安な社会のコミュニティ―設計され，たちあげられる空間のために」春日清孝・楠秀樹・牧野修也編『〈社会のセキュリティ〉は何を守るのか―消失する社会／個人』学文社, pp.111-131.

――(2016)『ペットフレンドリーなコミュニティ―コミュニティ疫学試論』ハーベスト社

Sennett, Richard, ([1974] 1976) *The Fall of Public Man*, Cambridge: Cambridge University Press.(= 1992, 北山克彦・高階悟訳『公共性の喪失』晶文社)

Stearns, Peter N., (2006) *American Fear. The Causes and Consequences of High Anxiety*, New York: Routledge.

打越綾子(2016)『日本の動物政策』ナカニシヤ出版

山田昌弘(2007)『家族ペット―ダンナよりもペットが大切!?』文藝春秋

第6章 構築される貧困
―― 生活保護バッシングと社会の範囲

　本章は，現代社会における貧困問題について考えるものである。人間の歴史を振り返ると，貧困問題は人間社会の大問題であった。近代国家体制の成立後は，福祉国家への歩みは貧困撲滅の対策であったといってよい。20世紀以降も，「貧困の再発見」は繰り返されている。そのたびごとに，貧困は解消された過去の問題ではないことが露呈した。現代社会の貧困問題は，南北問題，国内の地域格差，子ども・若者の貧困，シングルマザーの貧困，単身女性の貧困など，多岐にわたり，生活保護制度がその対応策として運用されてきた。

　はじめに，貧困の定義を紹介し，どのように定義され，計測されているのかをみる。その試みは，貧困を見えるものとするために行われている。貧困は，その状況にある人とそうではない人との間では，その意味づけが異なっており，社会のあり方を示すひとつの指標となっている。

　2012年の生活保護バッシングは，家族扶養の責任を誰が担うべきなのか，という家族意識を背景として起こっている。このバッシングは新しく起こった出来事ではない。生活保護制度が成立以降，何度も繰り返されている。バッシングは，生活保護法の理念をとりまく運用のレベルや，生活保護制度を含む社会保障制度が何によって支えられ，何を守ろうとしているのかを端的に示している。つまり，生活保護制度は，社会のありかたとは無関係ではなく，私たちの家族観や貧困観によって構築されているといえるのだ。

1. はじめに

1-1 問題の設定：現代社会の貧困問題

　人間はどの時代，どの社会においても貧困を問題としてきた。飢えや欠乏の悩みは，多くの人びとの苦しみであり，その対策のためにさまざまな施策がなされ，宗教が生まれた。戦争が起こり，歴史を動かしたのは，生活にまつわる資源の奪い合いであり，資源をもつことの格差が貧富の差を生み，それを正当化する論理として身分制度が生まれた。20世紀以降も，「貧困の再発見」は繰り返しなされ，そのたびごとに，貧困は解消された過去の問題ではないことが露呈した。

　現代社会の貧困問題は，それ以前の時代とは異なる位相をもちつつも，問題解決がなされてはいない。現在もなお貧困は主要な社会問題として認知され，格差社会の進行とともに解決すべき課題となっている。

　本章ではまず，貧困がどのように定義されているのかを確認する。つぎに，貧困とそれをめぐる価値観や人びとの取り扱い方について，つまり，貧困問題を社会学的に考察することを目的とする。

　はじめに暫定的な定義を述べておきたい。貧困とは，生命の危機にもおよぶような，衣食住にまつわる生活の困難をもたらす現象である。そうした生活の困難は，ある一時点ではなく，長年にわたる生活に影響を与え，心理的・社会的に制約を加え，ライフコースにおいて影響を与えていくものである。

2. 2000年代以降の貧困をめぐる状況

2-1 「普通の人びと」の貧困

　2000年代の貧困は，1990年代から注目を集めていたホームレス型貧困や孤独死・孤立といった，ごく一部の人の問題ではなく，働く人びとの貧困（ワーキングプア），子ども，単身女性，若者など，「普通の人びと」のなかにある貧困への注目がなされている状況であった。その背景には，格差社会の進行によ

る所得水準の落ち込みや，社会階層が「勝ち組／負け組」に分断され，一億総中流の幻想がうち砕かれたことがある。

　しかし，こうした「普通の人びと」の貧困は，繰り返し「発見」されてきたものである。貧困の科学的把握のはじまりは，19世紀の終わりから20世紀のはじめにかけて行われた労働者家庭の家計調査である（Booth, C. 1892-1902,）(Rowntree, B. 1901=1922)。その調査において，「普通の人びと」が「普通」に生活をしても，貧困に陥る可能性があることが「発見」された。

　大衆消費社会の成熟とともに，「普通の人びと」が豊かな生活を送るようになり，先進国では貧困は根絶されたものと考えられていたが，福祉国家がその撲滅にむけて対策を講じたはずの貧困が1690年代に再発見された。1980年代をはさんで，1990年代には野宿者（ホームレス）などの貧困状態にある人びとの存在が露呈した[1]。

　ホームレス型貧困は，働くことと住まいの不安定さがもたらした貧困であり，ネットカフェ難民や若年層の非正規雇用による低所得と関係する。これらは，不安定な雇用とそれによる家族未形成の結果，家族を通じて社会保障制度を利用できない点が共通する[2]。

2-2　子どもの貧困

　「普通の人びと」の貧困とは述べたものの，内閣府による2009年の相対的貧困率（定義については後述3-1）によると，特定の人びとに集中的に起こることが改めて注目された。特に，政策課題として取り上げられたのは，子どもの貧困，特に，ひとり親世帯と生活保護世帯の子どもたちへの支援であった。

　子どもの相対的貧困（率）は，1990年代半ば頃からおおむね上昇傾向にあり，2012（平成24）年には16.3％となっている。子どもがいる現役世帯の相対的貧困率は15.1％であり，そのうち，大人が1人の世帯の相対的貧困率が54.6％と，大人が2人以上いる世帯に比べて非常に高い水準となっている（内閣府 2016）。1985年以降は50％を上回る水準である[3]。

　貧困に陥る可能性が高い人と低い人がいる。子ども時代に経験した貧困は，

成人してからもその影響が続く。貧困は単なる一過性の経験ではなく，連鎖的な経験の蓄積でもある。そうした不利・排除の結果として貧困に陥ることが改めて認識され，それを予防・救済する制度の不備が指摘されるようになった。

特に，生活保護世帯の子どもの高等教育機関への進学率の低さがみられ，貧困と教育達成との密接な関連が指摘された（道中隆 2009）。貧困の連鎖が，家族を通じて生じていくこと，それを断ち切るための社会政策や教育政策が機能不全に陥っていることが指摘されている[4]。

これまでの貧困研究で指摘されてきた連鎖の経路として，「教育投資」「家計の逼迫」「資産」「親のストレス」「親の病気」「親との時間」「文化資本」「育児スキル」「親の孤立」「職業の伝承」「健康」「障がい」「意欲・自尊心・自己肯定感」「地域・近隣・学校環境」「ロールモデルの欠如」「早い離婚・帰る家の欠如」がある。こうした子ども時代に経験する困難が，大人になっても，貧困の連鎖に影響を与えていることは，改めて，強調しなくてはならないだろう。阿部彩は，貧困に抗するための政策リストとして「子どもの貧困政策の選択肢リスト」を提起した（阿部 2014b：76-77）。

2-3 「福祉の谷間」への関心─複合する不利の蓄積としての貧困

このように，子どもの貧困や連鎖に関する政策による統計的な知見から，子どもの貧困と連鎖はその存在が立証され，貧困の連鎖の解消にむけた取り組みが行われるようになった。社会的な居場所づくり，生活保護の被保護世帯の子どもたちへの学習支援である。被保護者の労働市場への再参入による経済的自立の達成を目指して，子どもたちへの教育支出が自立と貧困の防止に向けた先行投資として考えられている（森川美絵 2013：58）。しかし，こうした支援は，民間の支援中心であって，行政による支援はまだまだ不十分である[5]。

こうした支援制度の不備や支援制度へのアクセス不全による貧困の存在は，「社会的排除／社会的包摂」概念（定義については後述3-1）が照らし出されたものである。これらの概念は，社会的なネットワークへの参入拒否から生じる排除と，その結果としての貧困の蓄積プロセスを説明する（Balla & Lapeyre

1999=2005)。日本では,社会的排除を「つながりの欠如」とし,制度の機能不全による貧困が指摘された(厚生省 2000)。制度の不完全性により,支援制度に適合できずに貧困状態に陥る人びとには,累犯障害者[6],単身女性,高齢者,障害者,そして路上ホームレスなどがある。

3．貧困とは何か

3-1　貧困の定義と測定

貧困の定義と測定については,先人たちはさまざまに論を展開してきた。貧困調査は,貧困が社会構造上の要因によって生じることを実証し,福祉国家形成を促してきた。なぜ貧困の定義が必要なのであろうか。社会学者のジンメルによれば,貧困者は,制度に支援されることによって貧困者になる(Simmel 1908=1994)。その際,どのような状態や人びとが支援されるのかによって貧困者が定義される。

現在用いられている貧困を説明し測定する概念には,絶対的貧困,相対的貧困,相対的剥奪[7],社会的排除,ケイパビリティなどがある。それぞれについて説明する。

(1) 絶対的貧困

絶対的貧困とは,1970年代に世界銀行により用いられた概念で,低所得,栄養不良,不健康,教育の欠如など人間らしい生活から程遠い状態を指す。たとえば,① 一人当たり年間所得370ドル以下を貧困とする(世界銀行の定義),② 40歳未満死亡率,医療サービスや安全な水へのアクセス率,5歳未満の低体重児比率,成人非識字率などを組み合わせた指標で貧困を測定する(国際連合開発計画(UNDP)の定義)などが代表的である。

これらは貧困が数値化されているため比較しやすいものの,時代・社会による基準の相違があること,社会生活の程度や貧困がもたらす質的な側面への注目が不足していることが問題である。

(2) 相対的貧困

相対的貧困（率）とは，等価可処分所得（世帯の可処分所得を世帯人員の平方根で割って調整した所得）の中央値の半分（貧困線）に満たない世帯の割合をさす。2010年の経済協力開発機構（OECD）のデータでは，日本の相対的貧困率は16.0％で，先進国の中では高い水準に位置する。2012年の国民生活基礎調査では，相対的貧困率は，16.1％である（厚生労働省 2014）。

相対的貧困は，全体社会のなかでの割合にもとづいて導かれるため，比較の要素を含んでいる。そのため，社会内部での不平等や社会適応の程度と結びつけて，貧困が語られることにつながる。物質的な豊かさのなかの貧困や，貧困の質的な側面を導くことができる利点を有している。

(3) 社会的排除

社会的排除とは，EUの政策的な概念である。社会的包摂（策）と対で語られる政治的な用語であって，社会的排除は，その多次元性，排除される過程に注目することが特徴である。社会的排除は貧困と関連の深い概念であるが，社会的排除の状況にあっても，物質的な欠乏の状態であるとは限らない。社会生活における関係からの排除，社会制度へのアクセス不全といった，社会関係の貧困にも目をむけているところが特徴である。

岩田正美は，社会的排除を社会参加の欠如と表現している（岩田 2008）。たとえば，失業や制度へのアクセスの不全は，貧困をもたらす。社会的排除に抗するためには，コミュニティ・ネットワークへの参入による問題解決の方向が考えられ，社会的包摂（策）が就労支援のスタイルで呈示される。しかし，それは就労自立に偏りがあるため，個人化・内面化をうながし，社会の結びつきを取り戻すための万能策とはいえない。

逆に社会的包摂（策）としては，ワークフェア，アクティベーション（積極的労働市場政策），ベーシックインカムがある。ワークフェアとアクティベーションは，労働市場への再参入を行って就労自立を達成することによって社会的排除の状態を脱しようとする，就労と福祉を接合した戦略である。ベーシックインカムは，すべての人に最低所得を保障したうえで，複雑な租税のしくみ

や社会保障制度を廃止し，小さい政府をめざす試みである。

(4) ケイパビリティ（潜在能力）

センは，貧困の測定方法についての検討を行い，分配に配慮した貧困の尺度が必要であるとして，ケイパビリティ（潜在的可能性）を提起した。ケイパビリティとは，その人に開かれた選択の範囲をさし，実質的な自由がどの程度達成されているかを反映し，福祉の評価に関わる（Sen, A. 1992=1999）。

センによれば貧困とは，受け入れ可能な最低限の水準に達するのに必要な基本的なケイパビリティが欠如した状態である。経済的手段が不足するほか，手段へのアクセスが乏しいために福祉を追求できないことであって，単なる低所得ではない（Sen 1992=1999：172-173）。センは，手段が重要とみている。

3-2 貧困の2つの側面—個人経験と社会指標

貧困は，統計的に状態が把握されるものであると同時に，個人的経験でもある。そして，貧困のあり方は多種多様である。食事ができない，住居がない，働けない，学校へ行けない，といった現れ方をする。しかし，そうした貧困の経験を数値化しようとすることで，その経験の集積は似たようなものとして扱われ，それがもつ質的な側面が抜け落ちてしまいがちである。

(1) 個人のライフサイクル上の貧困

貧困は，ある個人の生命の危機や生活困難として，そのインパクトが人生の特定の時期に起こり，特定の地域やカテゴリーの人びとに集中するものでもある。たとえば，子ども期，子育て期，高齢期は，貧困状態に陥りやすい（ライフサイクルと貧困）。他にも，地震などの天災や戦争をきっかけとした生活破綻，失業や疾病・障害による貧困化がある。

個人の経験のなかにある貧困は，貧困経験を通して積み重ねられた，承認，適応，アイデンティティ問題といった貧困の質的な側面を含んでいる。具体的には，自己主張の弱さ，社会参加の欠如，将来観・人生観などにおける時間感覚の相違等[8]がある。他の人が当たり前のようにしていることをできないこ

とは，自己否定感や不全感を生み出す。これもまた貧困の質的な側面である。

こうした貧困のもたらす質的な不利は，社会の関係のなかで規定される。それは，非当事者にとって質的な側面はわかりづらく，時代・社会によって変化する。リスターは，「経験としての貧困」の質的な側面をとらえるために，当事者の参加型アプローチによる貧困の計測・定義が必要であると述べている（Lister 2004=2011：21）。

(2) 社会統合の指標としての貧困

社会のなかに位置づけられて，それが解決すべき問題であると考えられる貧困がある。これは，全体社会への影響や，貧困当事者とされる人以外の人びとにとっての「意味」を中心に考えられた貧困である。特に，社会統合をそこなう「問題」としての貧困に対する考え方やとらえ方をさす。貧困は，不平等，階級，区分に関わり，貧困がそれらと関連づけられて理解されることによって，特定の「社会問題」として浮かび上がる。貧困経験の深さや程度，その内容・性格づけは，不平等の程度を定め，区分は，ジェンダー，人種，障害に関連する[9]。

多くの人びと（特に，自らを貧困ではないと考える人）にとっては，自分以外の誰かの貧困であって，みずからが解決のために取り組む問題として認知されていない。そのため，貧困が解決すべき課題となり，「われわれの問題」「社会の問題」として理解されるためには，若干の工夫が必要である。それは，貧困を見えるようにする努力であって，人びとの経験における貧困に耳を傾けたり，統計を用いて社会のなかに貧困状態を位置づけたり，定義を試みることを通じてその対策を立てることなどが考えられるだろう。

3-3　見える貧困・見えない貧困・認識されない貧困

(1) 見える貧困・見えない貧困

貧困は目に見える形態をとるものがある。たとえば，スラム，ゲイテッドコミュニティのように，貧困者が集中する地域として，または，日本の都市部での河川敷でのテント小屋の集住にみられるホームレス型貧困のように，公共空

間に露出した形態の貧困がある[10]。ある貧困者の集中する地域の外側からは，貧困の分布が見えて，それが文化的差異や違和感として体感されることもある。しかし，そのなかで生活する人びとにとっては，その低所得の状態が普通のこととしてあり，体感されない。

また，貧困はどこでも同じような形態をとるわけではない。大都市と地方都市では貧困の形態が異なる場合もあり，それに対する意味づけが異なることもある。たとえば，地方都市での貧困のように，家族の助けや居住の場があっても，社会インフラの整備，社会福祉へのアクセス，就労の場の確保に課題を抱えている場合があり，逆に，大都市での貧困は，単身化によって家族の助けが得られず，また低賃金によって生活に必要な物資や居住の場が確保できない場合がある。両者では貧困の見え方が異なっていよう。

(2) 貧困の見えやすさ，見えにくさ

一方で，貧困が見えないこともある。同一空間における貧困者とそうではない人の混住のほか，世帯内での資源分配の不均等の結果としての女性の貧困，子どもの貧困などである。貧困は社会との関係のなかでつくられるため，貧困者の置かれた状況によって，貧困かそうでないかが決定されるともいえる。

ヤングは，二重都市論批判を通して，空間的に可視化され，分断された貧困について批判している（Young, J. 2007=2008：68）。ヤングによれば，貧困者は，富裕者に取り込まれ，貧困者と富裕者が隣り合っており，両者は依存関係にある。大都市に住む貧困者は，専門職に従事する富裕者の家事サービス労働者として生活し，お互いの存在はもちつもたれつである。貧困者も富裕者も同じくメディアの洗礼を浴び，同じような消費文化を共有して暮らしている。バウマンの指摘する，「欠陥のある消費者」（Bauman, G. 1998=2008：9）としての貧困者は，消費の単位として数値化され，富裕者と比較され，社会的な劣位の状況を実感し，それを内面化することになる。

3-4 われわれの問題としての貧困―貧困を語る水準

貧困はさまざまなあらわれ方をする。先人たちは，貧困を解消するために，

定義をつくり測定を行い、貧困に関する指標をつくる努力をしてきた。社会問題としてとらえられる貧困の指標は、衣食住に限定されるほか、制度的なアクセスの有無など、見えるかたちで、数量化されて把握したものである。こうした数量化による把握は、貧困の社会問題の解決にむけた科学的根拠として理解できるものである。その一方で、この数量化された貧困は、肉体の再生産に必要な財（衣食住）が中心になりがちである。また、当然のことながら、貧困の質的な側面や貧困当事者の声を十分に拾いあげているとはいえない。

克服すべき課題としての貧困者と貧困は、社会的に構築された「人工物」でもある（Lister 2004=2011：62）。貧困が問題とされるとき、そこには、非当事者と当事者に境界線がいったん引かれ、その両者のあいだで貧困が定義される。というのは、貧困は、具体的に人の経験であると同時に、解決すべき社会問題として認知され、非当事者も巻き込んだ言説空間のなかで構成されているからである。貧困をとらえる人のまなざし・立場によって、貧困のとらえ方は変わり、それぞれの利害対立が反映されている。その意味で、貧困観がどのようなものであるかは重要である。

4．政策課題としての生活保護制度

4-1 社会保障制度の再編成

日本の社会保障制度は、社会保険（年金、医療、介護、雇用、労働者災害補償）と社会福祉（生活保護、障害、児童、高齢者、母子）を中心になりたつ。税金と社会保険料を原資として、国民の自立と連帯を支え、ライフコース上のリスクを軽減するために、公的に運用される制度である。

20世紀の末から、現在にかけて、人口の少子高齢化、格差社会の進行、世界的な不況といった社会構造の変化を背景に、社会保障体制の再編成が進められた。1990年代前半のバブル経済崩壊後の、構造的不況にはじまり、2007年のリーマンショックをうけて、2008年の年越し派遣村では、働く人びとの貧困とその対策に注目が集まった。そこで、貧困対策の再編成が行われ、従来の

生活保護法やホームレス自立支援法以外にも，生活困窮者自立支援法の成立など，法律の制定・改正があり，貧困対策の再編成が進められていった。

貧困を救済するしくみとしての生活保護制度の仕組みを述べていこう。生活保護の目的は，救貧と自立の助長である。貧困を救済し，貧困者の自立を促すための制度である。生活保護は，一般扶助主義を採用し，貧困に陥った理由や家族の存在の有無にかかわらず，貧困状態に注目して，保護を開始する制度設計と理念をもっている。

生活保護の基本原理には，国家責任による実施，無差別平等，最低生活保障，保護の補足性がある。国家が生活保護の実施と監督に責任をもち，貧困状態にある人は誰でも「健康で文化的な最低限度の生活」を保障されるというものである。これは，日本国憲法第25条にある生存権を具体化したものである。

生活保護制度の運用にあたっては，保護の補足性の原理をめぐってさまざまな解釈がなされ，それが「生活保護の適正化」につながってきた（5節2-3）。ここでいう補足性の原理とは，利用し得る財産，能力その他あらゆるもの（他法や他施策も含む）を活用したあと，保護が行われることを意味する（生活保護法第4条第1項）。「適正化」をめぐって，生活保護制度の理念と実際の運用方針とのずれが生活保護制度を揺り動かし，その制度の意義を繰り返し問われ続けてきたといってよい。理念としての一般扶助主義の徹底化と，戦前の救護法・旧生活保護法における制限扶助主義[11]の精神を受け継いだ運用とのあいだでの激しいやりとりがあったのである。

4-2 セイフティネットの再編成

日本の社会保障制度は，生活保護制度のみが救貧対策を引き受けて，国民皆保険・皆年金体制の矛盾を一手に引き受ける構造をもっている（岩田 2012）。特定の社会問題に対する対応策として生活保護制度を運用してきたのである[12]。その意味で，生活保護制度は最後のセイフティネットとして位置づけられていた。

2000年代の生活保護制度をめぐる課題のひとつは，景気の悪化と高齢化の

進行に伴う生活保護受給者の増加と，その費用負担であった。防貧機能を果たす社会保険制度（雇用保険，健康保険）を利用できない人たち，たとえば，非正規雇用の人たちが，より貧困化しやすい現実と，救貧機能をもつ生活保護制度によってそれらの人々びとへの支援を一手に引き受けざるをえない状況があった。

そこで 2010 年代には，セイフティネットの再編成がなされた。第一のセイフティネットに社会保険制度，第二のセイフティネットに生活困窮者自立支援法等による支援，最後のセイフティネットに生活保護制度の支援を位置づけて，生活保護制度にのみ問題解決を図る構造を切り崩していく一連の制度改革があった。第二のセイフティネットは，生活保護制度を利用に至らない低所得の人たちの支援制度として整備が進められ，生活困窮者対策（求職者支援制度，福祉貸付金制度等）が設定された。

4-3 社会保障制度の家族依存

社会保障制度は，日本社会の家族構造や就業慣行の影響をうけて，職場と家族における性別役割分業からはみ出る人を，支援しにくい仕組みをもっている（落合美恵子ほか 2010，大澤眞理編 2004）。社会保障制度が片働き家族（正規雇用の男性と専業主婦の女性，その子どもからなる家族）を前提とする支援の構築は，結果として，家族のもつゆがみやかたよりを温存し，福祉国家の想定するモデル以外の人びとに対する支援の不在／不足を生み出してきた[13]。

たとえば，ホームレス型貧困を例にあげて考えてみよう。このタイプの貧困の要因は，日本的経営と福祉国家のジェンダー問題にある。終身雇用，年功序列，企業別労働組合，従業員福祉の充実が特徴である「日本的経営」から排除された人びとは，雇用の安定とそこから生まれる居住の安定・家族形成が前提となる社会保障制度の利用に結びつきにくかった。男性が貧困に陥ったならば男性自らが働いてその状態を脱するべきであり，社会福祉の利用は恥ずかしいこととされた。性別の違いによって，制度利用に差があったのである。

そういった意味でも，生活保護制度は，日本の家族システムの特性に裏打ち

された制度でもある。この生活保護制度が前提とする家族規範が，生活保護バッシングにつながっていくのである。

5．家族規範と生活保護バッシング

5-1　2012年の生活保護バッシング

　2012年の生活保護バッシングは，芸能人家族の生活保護受給に対する国会答弁・メディア報道による「不正受給」告発からはじまる。ここでは，生活保護受給世帯の「その他」世帯の増加を，稼働年齢層の受給増加とミスリーディングして，生活保護受給が不正にされている，在日外国人が生活保護受給特権をもっているなどの報道がなされた。

　これを受けて，2013年の生活保護制度改正では，家族扶養の範囲拡大と扶養義務者への通告，就労自立支援，不正受給者の取り締まり，医療扶助の適正化など，就労自立に傾斜した自立支援と，家族福祉に依存しようとする改正が行われた。

5-2　生活保護バッシングの歴史

　生活保護制度の歴史を振り返ると，生活保護バッシングは繰り返し起こっている。このバッシングは，生活保護の利用をめぐる特定のカテゴリーの人びとを対象として，1950年代は在日韓国・朝鮮人と結核入院患者，1980年代は暴力団，1990年代はシングルマザーが，生活保護受給の抑制がされ，「適正化」の対象とされた。このような受給の「適正化」をめぐってモラル・パニックが起こり，特定のカテゴリーの受給が濫用として攻撃されてきた。そのバッシングの際には，受給者の倫理性や労働倫理が問われ，自助・自立原則と家族規範と抵触しない限りにおいて，生活保護を受給するべきである，という論旨が強調された。菊地（2001）は，こうした動きを不正増加論でも福祉切り捨てを狙う陰謀論でもなく，厚生省（当時，現在の厚生労働省）の施策が「モラル・パニック」を強化し，濫用を不正受給と「翻訳」することにより，受給者を排除

していったとみている。

　このパニックを通じて，貧困の定義が運用によって狭められ，「濫用」を「不正受給」に「翻訳」して，「不正受給の急増・蔓延」というイメージを生み，際限のない逸脱者の取り締まりがなされることになった。ここでは貧困／生活困窮者を誰が定義するのか，という問題が関わっている。ここでは貧困の「広さ」（範囲）と「深さ」（程度）が問題となった。普段は「深さ」で貧困を考え，普段は考えない「広さ」がパニック下で持ち出された（菊地 2001：159-160）。

　この構造は，2012年のバッシングに共通する。芸能人の母の生活保護受給と，それに対する国会議員の追及答弁から構成されたバッシングは，メディア報道ではあたかも「不正受給」であるかのように，報道された。貧困とはどのような状態をさすのか，支援の責任主体は誰であるべきか，という観念は，日本社会の貧困観を形成し，その貧困観を支える家族規範が，ただ曖昧に根拠をもたないイデオロギーとしてふわふわと漂っている。それが，バッシングを通じて顕わになったのである。

5-3　家族規範と生活保護

　このバッシングから，生活保護制度が何を守ろうとしているのか，どのような基盤に立った制度なのかが，見えてくるだろう。生活保護に限らず，社会保障制度は，家族に依存して運用される制度であって，そこには特定の家族モデルを規範として運用される制度としての意味付与がされ，制度を利用する人びとに対して道徳規範の押しつけがされる。生活保護それ自体は，家族の扶養の有無を制度設計の前提としていない。しかし，家族規範の押しつけによって，制度運用が左右され，制度利用者に対するバッシングが起こる。

　しかし，現実には，家族のあり方が変化しつつある。現代の家族は，核家族化の進行と家族構成員の単純化と少人数化が進行した「近代家族」とされる。こうした近代家族は，近代社会の性別役割分業に適合した片働き家族である。しかし，この家族の形態は，女性の就労率の上昇，少子化による変化をうけて，家族の形態が多様化し，構成員の個人化が進行する。また，家族の定期的範囲

がせばまり，またケア機能の低下もみられる。現実の家族と家族規範のずれが生じているといえる。

　こうした家族の変化に対して，社会保障制度は，逆に片働き家族モデルの維持と保守を目指したシステムの運用が行われた。生活保護制度に限っていえば，たとえば，ひとり親の母子世帯の受給者に対しては，道徳的な問題を強調して，その抑制を行った。この抑制の背後には，生活保護の存在が離婚を増やし，妻子を扶養しない不心得者を増やすという批判があった。

　家族の多様化・個人化を踏まえて，就労指導・扶養照会の強化を通した，生活保護への流入の抑制がなされ，すでに受給している者に対しては，自立支援プログラムの実施による就労自立指導がなされた。こうした制度運用によって，母子受給世帯数は減少し，生活保護世帯として残されたのは稼働能力がない高齢者や傷病世帯ばかりとなる（菊地 2013：52-53）。

　生活保護制度の隠された機能とは何だろうか。それは，家族規範を遵守させる働きである。菊地は，家族扶養機能を強化する方向で生活保護制度が制度改革を進められたのは，家族扶養をよしとする家族規範を守るためであると述べている（菊地 2013：48-53）。菊地によれば，生活保護が変わらない理由は，社会・経済構造が変わっても家族規範は同時に変わらないためであり，変化のズレが生活保護のバッシングを通してあらわれるという。

　生活保護制度の運用は，制度を支える理念のみでなされるのではない。制度や組織は，外部環境の影響を受けている（佐藤郁哉・山田真茂留 2004）。この視点から生活保護制度をとらえるならば，日本社会の貧困観が生活保護制度に影響を与え，その結果として制度の運用や再編に影響を与える。この貧困観を増幅させるのがメディアの力といえるのではないか。

　ここまで，生活保護バッシングを通して，家族のあり方と貧困との関係を見てきた。ここから見えてくるのは，貧困は社会空間のなかで形づくられるということである。援助，支援，制度の内容と，それが機能する土壌としての文化，社会のあり方，制度を利用する人と，それを支える人とのあいだで，貧困とは何か，貧困者とは誰か，と問われ，貧困が構築されるのである。

6．モラルパニックとメディア

6‐1　モラルパニックとしての生活保護バッシング

　生活保護バッシングは，メディアに登場する貧困者に対しても向けられる。最近の報道では，NHK のニュースで取り上げられたパソコンの買えない女子高生の部屋にキャラクターグッズがあった映像が映し出され，それに対して贅沢をしているという批判が寄せられた[14]。

　これは，貧困の言説と現実のズレからもたらされたモラルパニックといえる[15]。こうした生活保護バッシングは，貧困が身近なところにあるがゆえに，そうした人びとへのさげすみやねたみの表れとして発生している（天田城介 2012，樫村愛子 2012 など）。このバッシングは，貧困当事者が語る貧困と，それを取り巻く人の，イメージとしての貧困のずれが生じていることによって生まれたといえるだろう。しかし，こうした状況はマスコミや専門家による貧困啓蒙キャンペーンなどによって，沈静化しつつある[16]。

　貧困についての言説は，社会の水準における「貧困観」を表しており，「貧困観」もまた，貧困の概念を形作り，メディア報道や規範や政策を通じて，貧困者に対して影響を与えていく。「普通の人びと」の貧困観は，貧困に対する理解のあり方を端的に表している。

　青木紀は，アメリカと日本の貧困観の研究を比較して，日本では貧困観（貧困イメージ）の研究が不足しており，また，生活保護制度と貧困イメージとが結びついていないことを指摘している（青木 2010：16-17）。貧困と生活保護が結びついていない貧困観は，社会成員に共通する問題として貧困が認識されにくいことを意味する。そこには生活保護バッシングの起こる素地があるといえる。これは，生活保護制度を含む支援制度が，社会生活への参加や趣味嗜好も含めた「普通の生活」を保障する最低保障の制度なのだという認識が共有されていないことを意味している。

6‐2 生活保護バッシングによる貧困の内面化・個人化

　生活保護バッシングは，貧困者への偏見やねたみを土壌に，家族規範をめぐるモラルパニックとして起こっている。これは，貧困者と非貧困者が同一空間で過剰包摂され，同じような価値観のなかで生きざるをえないところから生じている。

　貧困者へのねたみは，貧困者自身の自己否定感や無力さの感覚とあわせて，貧困者に対してネガティブな評価を内面化する。貧困者による生活保護制度に対する否定的なレッテル貼りの言説，たとえば，「お上の世話になどなりたくない」「働くのは当たり前」「生活保護水準以下の生活をしているが，生活保護を受けていないことを誇りに思う」などが象徴的である。これらの貧困の内面化は生活保護制度利用の抑制へとつながっていく。

　貧困者に対して，清貧の思想を強調し，恥としての貧困を内面化させることは，貧困が心理化・個人化されることで，社会問題として成立する契機を失ってしまうことにもなる。そうした恥として経験される貧困はそこに規範的・美的な拘束がくわえられることで当事者が社会関係から分離し孤立していく（樫村 2012：164）。このように，貧困の内面化・個人化によって，貧困は社会構造からの拘束を受けた社会問題として認知されることなく，人びとの心のなかにも貧困が沈殿していくことになる。これは，社会問題としての解決がされにくくなる，ということを意味する。

6‐3 他者化のまなざし

　社会学の視点から社会関係を考えていくことの意義は，「われわれ関係」がどのように成り立っているのかを考えるためのヒントを与えてくれることにある。本章では，貧困は，社会との関連のなかで定義され，制度が構築され，貧困は貧困者と非貧困者とのあいだで成り立ち，その境界線は，変動することをみてきた。

　貧困者を支援するしくみや制度は非貧困者が作り出し，貧困者はそれによって救済され，道徳規範が押しつけられる。メディアは，貧困とは何かという人

びとの意識を浮かび上がらせ，増幅させる。貧困とは何かという境界線を引くことで，「わたし」と「あなた」は，差異化され，その境界決定がされる。

貧困者ではないと自認する人びとにとって，貧困に陥りやすい集団は他者化されやすい集団でもあり，「われわれ」ではない「あなた」の集団である。そうした関係の形成に寄与する他者化のまなざしについて，社会学の知はカテゴリー化，スティグマ付与，ステレオタイプ化と呼び，「われわれ関係」を分断するまなざしとして批判をしてきた。いま，そうした他者化に抗するためにはどのような取り組みが必要なのだろうか。

7．自立と連帯の両立可能性

7-1　社会関係資本とつながり

貧困問題を共通問題として認識し，そのあり方を検討し，解消するためにどのような対策が考えられるだろうか。その出発点は，貧困を見えるようにすることであり，貧困を作り出すものは何かを考えることではないだろうか。天田城介によれば，貧困者の特徴は社会関係資本の少なさであり，コミュニティからの孤立，孤独が前提となる（天田 2012：179）。天田は，孤独死を例にあげ，それが問題となるのは，社会関係資本からの離脱ゆえに，必要な支援が受けられなかったことに起因すると述べる。社会関係資本がもとより不在である人びとにとって，孤独死は想定の事態のひとつである。同様に，ホームレスが野宿生活と就労生活を行き来することも，就労に特化した脆弱な社会関係のなかで生きている状態で貧困化するのも，想定の事態である。

処方としては，参加する社会の経路を増やしていくこと，就労以外の関係を豊かにすることが考えられる。たとえば，友人や居住する地域での関係，趣味のつながり，をひとつでも増やすことである。このような社会参加の機会を増やすことで社会関係資本を豊かにする戦略が考えられる。つまり自分自身の参加するコミュニティ・ネットワークを増やす戦略である。

7-2　自立と社会連帯

　本章では，貧困が個人的な経験であると同時に社会問題であることを示してきた。そのために，社会がどのような構成原理で成り立ち，どのような社会支援のシステムが作られているかにまずもって注目することにしたい。社会学の始祖のひとりであるデュルケムは，人が自由になる一方で社会に依存する動きが並行して起こると述べている（Durkheim, É. 1893＝［1971］2005）。つまり，人間の社会には個別化・個人化する力と共同化・集団化する力が貫かれているということである。ここでいう個別化・個人化する力は，個人の自由・選択の幅を広げて自立を促す力であり，一方の共同化・集団化は，社会の範囲を広げて連帯をつくりだす力である。今の課題は，この現代社会の関係をつくる2つの力のバランスの再調整ではないだろうか。

　この2つの力のバランスをどのように作っていくのか，私たちの良識と社会構想の力が問われている。この2つの力の関係性をどのように再構築していくのか，なにを善きこととするのかは，ある意味ユートピア構想なのかもしれない。しかし，私たちは，回帰するべきコミュニティ像を反復するのではなく，新しい社会の姿や私たちの近未来の生活をどのようなものとしたいのか，繰り返し考えていきたい。

　この2つの原理の両立のために，社会の範囲を広げることが重要だろう。そのためには，他者への共感・同情だけではなく，「社会学的想像力」が必要となる。ここでいう「社会学的想像力」とは，歴史と個人を結びつけ，個人的なことが社会的なことにつながっていることを見抜く力である（Mills, C. W. 1959＝1965／2017，藤村正之 2014）。メディアリテラシー，統計リテラシー，未来を少し想定するまなざし，クリティカル・シンキングといいかえてもよい。貧困をとおして社会のすがたを見抜く力が，今後ますます必要となる。

【注】
1) そこでの注目点は，住居を失うほどの貧困状態や野宿を前提とした生活形態や，社会保障制度へのアクセス不全と並んで，公共空間の不法専有をめぐるもので

あった。
2）労働力調査では，若年層（15〜35歳）の非正規雇用就業率は，2015年度では43.8％であり（総務省統計局 2016），若者の共通問題として働く人の貧困を考えることができる（ビッグイシュー基金 2010, 2012）。
　非正規雇用という柔軟な雇用の浸透をきっかけとした，2000年代のワーキングプア問題に「新しさ」があるとすれば，若者，サービス業の人びと，ケア労働者に関するものである点である。若年層の貧困は，その人びとが家族を形成し生命の再生産活動を行うチャンスを奪うものである。
3）日本はOECD加盟国のなかで，政府の介入にもかかわらず子どもの貧困率を悪化させている唯一の国である。阿部彩は，この事態を「子どもの貧困率の逆転現象」として問題提起をした（阿部 2008：95）。
4）貧困の再生産を，特に貧困の世代的再生産を，家族政策との関連で論じている（青木紀 2003）。
5）民間としては，学習支援，安価な食事の提供，居場所作りなど，NPOの取り組みがある。
6）累犯障碍者とは，福祉的支援の不足から犯罪を繰り返し起こしてしまう障害者をさす。そうした人びとの最終的な受け皿として刑務所が機能せざるを得ない状況を，山本譲司がノンフィクションとしてまとめた（山本 2006=2009）。
7）相対的剥奪とは，「普通の生活」を送るために必要な衣食住，社会参加するために必要な物資やチャンスの不平等な分配をさす。
8）リスターは，「夢の欠如」「人権の欠乏」などをあげている（リスター 2004=2011：21）。
9）ジェンダーは，世帯内貧困やシングルマザーの貧困など，ジェンダーに関連づけられた富と権力分布の不均衡と関連づけられる。人種はアンダークラスとして，特定の人種・民族に関連づけられて貧困の文化的側面を強調されやすい。障害は，生活上のコストの追加があるため，健常者にとっては十分な所得であっても，障害者にとっては同一所得が潜在能力の欠如と貧困を意味することがある。この他に労働市場での不利や，制度的・環境的差別の存在を無視できない。
10）首都圏の低所得層の集積として，「ブルーカラーベルト」の存在がある（倉沢進・浅川達人 2004）。
11）戦前の救護法では，労働能力のない者，家族扶養のない者，欠格条項に該当しない者のみ救済対象とする原則である，制限扶助主義を採用していた。
12）たとえば，旧炭鉱地域の失業対策である。また，老人福祉法成立以前には，生活保護法において高齢者対策が行われていた（岩田 2012：62-64）。
13）社会保障給付費の構成特徴をみると，高齢者支出への傾斜がみられる。特に，

単身者，子ども，若年者に対する支援が手薄い。
14) 大西連「『貧困女子高生』バッシングの無知と恥―『ニッポンの貧困』の真実　自分の価値観を振り回すな！」現代ビジネスプレミアム
http://gendai.ismedia.jp/articles/-/49553（2017年1月19日最終アクセス）
15) 「貧困に対するバッシングは，貧困がもたらすイメージと不安に対する人々の心理的反応である。」「アンダークラスをモラル・パニックにおいて道徳化することができれば，その伝染性は自らにとって感染することのない安全なものとなり，異質なものとして切断できるからである。」（樫村 2012：164）
16) 東洋経済オンラインの貧困特集など。
http://toyokeizai.net/category/hinkon（2017年1月19日最終アクセス）

【引用・参考文献】

阿部　彩（2008）『子どもの貧困―日本の不平等』岩波書店
―― (2014a)「生活保護・貧困研究の50年：『季刊社会保障研究』掲載論文を中心に」『季刊社会保障研究』Vol.50, pp.1-2
―― (2014b)『子どもの貧困Ⅱ―解決策を考える』岩波書店
天田城介（2012）「ポスト経済成長時代の超高齢社会における夢から覚めて」『現代思想　特集　生活保護のリアル』Vol.40-11, 9月号
青木　紀（2003）『現代日本の見えない貧困』明石書店
―― (2010)『現代日本の貧困観』明石書店
Balla, A. S. & Lapeyre, Frederic（[1999] 2004）*Poverty and Exclusion in a Global World 2nd Edition*, Macmillan.（= 2005, 福原宏幸・中村健吾訳『グローバル化と社会的排除―貧困と社会問題への新しいアプローチ』昭和堂）
Baumann, Z.（1998）*Work, Consumerism, and the New Poor*, 2nd edtion, Open University Press.（=2008, 伊藤茂訳『新しい貧困―労働, 消費主義, ニュープア』青土社）
ビッグイシュー基金（2010）『若者ホームレス白書①』
―― (2012)『若者ホームレス白書②』
Booth, C.（1892-1902）"Life and La bour of the people in London", 17 Vol.6.
Durkheim, É.（1893）*De la division du travail social*, Felx Alcan.（= [1971] 2005, 田原音和訳『社会分業論』青木書店）
藤村正之（1987）「生活保護の政策決定システムにおける組織連関」『社会学評論』37（4）
―― (1996)「テクノクラート的リアリティの析出とその意味：書評―副田義也『生

活保護制度の社会史」」『社会学評論』74（3）
——（2014）『考えるヒント』弘文堂
岩田正美（1995）『戦後社会福祉の展開と大都市最底辺』ミネルヴァ書房
——（2008）『社会的排除』有斐閣
——（2012）「生活保護を縮小すれば，本当にそれで済むのか？」『現代思想　特集　生活保護のリアル』Vol.40-11，9月号
樫村愛子（2012）「生活保護における『制度的逆転移』と『恥』からの回復」『現代思想　特集　生活保護のリアル』Vol.40-11，9月号
菊地英明（2001）「『不正受給』の社会学—生活保護をめぐるモラル・パニック」『社会政策研究』2
——（2003）「生活保護における『母子世帯』施策の変遷—戦後補償と必要即応原則」『社会福祉学』43（2）
——（2013）「公的扶助への社会学的接近—生活保護と家族モデル」埋橋孝文編著『福祉＋α　4　生活保護』ミネルヴァ書房
厚生労働省（2013）「国際比較から見た日本社会の特徴」『平成24年版　厚生労働白書』
厚生労働省（2014）「平成25年度　国民生活基礎調査の概況」
　http://www.mhlw.go.jp/toukei/saikin/hw/k-tyosa/k-tyosa13/（2017年1月19日最終アクセス）
厚生省（2000）「『社会的な援護を要する人々に対する社会福祉のあり方に関する検討会』報告書」厚生省
倉沢進・浅川達人編（2004）『新編　東京圏の社会地図1975-90』東京大学出版会
Levitas, Ruth, (2005) *The Inclusive Society? : Social Exclusion and New Labour, second edition*, Palgrave Macmillan.
Lister, Ruth, (2004) *Poverty*, Polity Press.（＝2011，松本伊智朗監訳『貧困とはなにか—概念・言説・ポリティクス』明石書店）
道中隆（2009）『生活保護と日本型ワーキングプア—貧困の固定化と世代間継承』ミネルヴァ書房
Mills, C. W., (1959) *The Sociological Imagination*, Oxford University Press.（＝1965　鈴木広訳『社会学的想像力』紀伊國屋書店）（＝2017，伊奈正人・中村好孝訳『社会学的想像力』筑摩書房）
森川美絵（2013）「生活保護における社会福祉実践は，如何に可視化・評価されるのか」埋崎孝編『福祉＋α 4　生活保護』ミネルヴァ書房
内閣府（2016）『平成27年版　子ども・若者白書』
　http：//www8.cao.go.jp/youth/whitepaper/h27honpen/index.html（2017年1月

19日最終アクセス）

内閣府・総務省・厚生労働省（2016）「相対的貧困率等に関する調査分析結果について」
http：//www.mhlw.go.jp/seisakunitsuite/soshiki/toukei/dl/tp151218-01_1.pdf
（2017年1月19日最終アクセス）

落合美恵子・阿部彩・埋橋孝文・田宮遊子・四方理人（2010）「日本におけるケア・ダイヤモンドの再編成―介護保険は『家族主義』を変えたか」『海外社会保障研究』No.170

大澤眞理編（2004）『福祉国家とジェンダー』明石書店

Rountree, B.（1901, 1922）Poverty : A study of town life.（=1975, 長沼弘毅訳『貧乏研究』千城）

佐藤郁哉・山田真茂留（2004）『制度と文化―組織を動かす見えない力』日本経済新聞社

Sen, A., (1992) *Inequality Reexamined*, Clarendon Press.（=1999, 池本幸生・野上裕生・佐藤仁訳『不平等の再検討―潜在能力と自由―』岩波書店）

Simmel, G., Sociologie Aufl. 1908.（=1994, 居安正訳『社会学（上）』白水社）

副田義也（2014）『生活保護制度の社会史（第2版）』東京大学出版会

総務省統計局（2016）「労働力調査（詳細集計）平成27年（2015年）平均（速報）」
http：//www.stat.go.jp/data/roudou/sokuhou/nen/dt/pdf/index1.pdf（2017年1月19日最終アクセス）

立岩真也（2000）『弱くある自由へ：自己決定・介護・生死の技術』青土社

山本譲司（2006=2009）『累犯障害者』新潮社

Young, J., (2007) *The Vertigo of Late Modernity*, Sage.（=2008, 木下ちがや・中村好孝・丸山真央訳『後期近代の眩暈―排除から過剰包摂へ』青土社）

第7章 親密性と関係性の再編のために
――家族・教育・ジェンダーというセキュリティ

　私たちの多くにとって，家族はきわめて身近で当たり前な場／関係である。しかし，それではあらためて「家族とは何か」と考えると，ハタとことばに詰まってしまわないだろうか。

　現在，「家族間殺人」[1]が社会問題化し，「DV (domestic violence) 家庭内暴力」や「CA (child abuse) 児童虐待」なども併せると，このような「家族という病」（下重暁子 2015）が新聞紙上に登場しない日はない。私たちが自明としてきた「安心・安全」で「親密な家族」という認識は揺らぎつつあるようにみえる。現在求められているのは，家族という場／関係がどのように変動しているのか，しつつあるのかという丁寧な読み解きではないだろうか。

　確かに，家族とは家族メンバー個々の生を充溢させ意味づける重要な場といえる。幼い子どもにとって家族は取り換えのきかない「愛着」の対象でもあり，養育者にとっても自分の人生を意味づける基点として，その重要性は疑いようもない[2]。にもかかわらず，そのような場／関係が変動していくならば，私たちの生（ライフ）の在り方はどのようになっていくのだろう。

　また，家族に対する制度や施策も変容しつつある。家族は，「社会の必要」を満たすシステムの一環として，何よりも社会の新しいメンバーである子どもの出産と養育を期待されているものの，現状において「少子化」は継続中であり，改善の見込みは立っていない。

　この意味で家族とは，個々人のライフにも社会の在り方にも大きな影響を及ぼす場／関係だといえよう。本章では親密性と関係性の現在を検討しつつ，新たなセキュリティの可能性を考えたい。

1．はじめに

　私たちはこれから家族という「場／関係」について考えようとしている。しかし，それ以前に，私たちの多くは，現に「家族を生きている」。まずは，ここから始めてみよう。

　以下のような「家計シミュレーション」によって，家族を「家計」の側面から明らかにしてみよう。まず，「月収入」としては170,000円という金額を採用する。これは，2008（平成20）年の東京都初任給金額，205,000円から住民税，健康保険料，年金保険料を引いたおよその手取金額である。ここから，①住居費，②食費，③光熱費（電気，ガス，水道），④通信費（スマホ，携帯，プロバイダ料金等），⑤交通費，⑥被服費，⑦美容・理髪，⑧文教費（本，雑誌，筆記具等），⑨趣味・娯楽費，⑩交際費，⑪日用品・雑費，⑫保険料，⑬その他を引いてみて欲しい。残りの金額はいくらになっただろうか。

　これは家族を考えるために実際に講義で行っているもので，受講者には自分がひとり暮らしをしているとして計算してもらう。ただ，上記の①～⑬について，およその金額であったとしても，提示することは難しいようで，現在親元から離れて暮らしている学生でも，ほとんどの場合マイナスに陥ってしまう。

　このシミュレーションを行った後での学生の反応は，「ひとり暮らしをしたいと思っていたけれど，現実の厳しさを思い知った」「実家で親と住んでいるのでほとんどわからなかった」「現在親元から離れてアパートで生活しているが，詳細な金額は親任せにしているので答えられない項目が多かった」などがある。費目別に見ると，②食費，③光熱費，④通信費などは支払いを意識することが少ないためか「知らない」という答えが多く，被服費については個人差が大きい。さらに，文教費についてはゼロ円や500円という回答も多くあり，若干の寂しさを感じる次第である。

　また，学生の反応で最も多いのは，「親の偉大さを思い知った」「親に感謝する」という類のものであり，そこには生活主体という意識はあまり見られない。

ところで，2016年8月のNHK「ニュース7」で，貧困問題に関する特集番組に出演した母子家庭の女子生徒が「実は貧困ではない」，「やらせである」と「炎上」する事件があった[3]。『朝日新聞』による報道内容で自宅風景にアニメグッズがたくさん映り込んでいたところを「散財」と批判されたり，その女子生徒のツイッターが特定され，「映画」を度々見ていることや「千円を超すランチ」を食べたことが暴かれるばかりでなく，政治家の片山さつきからも批判され，通う学校や自宅も晒されたという。

この記事が力点を置くのは「相対的貧困」についての無理解である。日本における年間所得が真ん中（中央値）の半分未満である家庭を「相対的貧困」とするのだが，具体的には世帯収入が122万円未満（2012年）となり，子どもの6人に1人が「相対的貧困」に陥っているとされている。

ここで，先の家計シミュレーションに戻っていただきたい。世帯収入は年間で計算されているので，それを月収に直すと約100,000円。ここから①〜⑬を引いたらどうなるだろう。しかもこの記事のように，家族が2人以上いるとしたら。

私たちはまず，このような「生きられる家族」の現実からスタートしよう。

2．身の回りの多様な家族—その現存と実存をめぐって

私たちの身の回りにはさまざまな家族が存在する。友人や親族などの身近な存在を通して，私たちはその多様性を知っているのではないだろうか。身近な家族に目を向けてみよう。

2-1　家族の多様性

日本においては夫婦と子ども2人の家族を「標準世帯」と呼び，家族政策のモデルとしているが，現実の家族はこの「標準」から離れ，多様に展開しつつある。以下の類型をみてみよう。

① 事実婚と法律婚（制度婚）

婚姻とは基本的に法律婚（制度婚）であるが，戸籍の移動を伴わない婚姻も事実婚として受け入れられつつある。事実上婚姻しているという意で，法律婚カップルと同等の保障は裁判上認められる。事実婚カップルに子どもが生まれた場合は非嫡出子となり，相続上の不利益を被っていたが，2013年の最高裁判決でこれが違憲とされ，現在は改正されている。

② 単親家庭

いわゆる父子家庭，母子家庭を指す。現行の家族政策では異性愛の「カップル」が前提となるため，単親家庭はさまざまな不利益を被ることがある。特にシングルマザーに対してはさまざまな支援が不足しており，給与所得の男女格差も併せるときわめて深刻な事態に陥っている（赤石 2014）。また同じ単親家庭でも父子家庭には児童扶養手当が支給されなかったり，生活保護の申請が通りづらかったりする傾向もあるとされる。

③ ステップ・ファミリー

子連れ離婚（生別または死別）をした単親家庭が，もうひとつの単親家庭または未婚者と婚姻することで築く家族。血縁を伴わない家族が形成されることと，子どもにとって3つ以上の親族体系をもつこと，親が生別であった場合には2人以上の親をもつ可能性があり，独特のサポートニーズをもつといわれる（Visher, E. B. & J. S., Visher 1982=2001）。

④ 同性婚

同性同士の婚姻であり，日本では法的に認められていないため，事実婚にならざるをえない。制度的にはただの同居人として扱われる。世界的には同性婚を認めている国もある（たとえばカナダ）。また養子縁組で子どもをもつことも可能である（岡田光世 2000）。日本でも2014年から東京の渋谷区を筆頭に「パートナーシップ条例」が行政単位で制定されつつある。2016年10月の段階で，渋谷区，世田谷区，伊賀市，宝塚市，那覇市で制定されている。

⑤ 夫婦家族

婚姻するか否かを問わず，夫婦で生活し，子どもをつくらない，養子縁組もしないカップル。90年代に話題になったDINKS（double income no kids）はこ

れのバリエーションにあたる（下重暁子 2016）。2016 年には俳優の山口智子が子どもをつくらないと宣言し話題を呼んだ[4]。

⑥ 単身者（シングル）

非婚であるが，必ずしもパートナーがいないとは限らない。単に生活形態がシングルであるだけであり，同居による生活形態を取らないだけというケースもある。もっとも，国立社会保障・人口問題研究所の推計によると，2030 年における生涯未婚率（45 ～ 49 歳階級と 50 ～ 54 歳階級における，一度も婚姻したことのない未婚者の比率の平均を取った 50 歳時点の未婚率）は，男性が 29.5%，女性が 22.5% とかなりの高率に達することも予測され，生涯未婚者が親の介護をしながら同居をしていく状態について危惧する指摘もある（春日キスヨ 2010）。

2-2 家族の範囲はどこまで？　家族の客観性と主観性

ところで，家族の範囲はどこまでなのだろう。同居しているからといって，常にお互いを助け合い，敬い合い，慈しみ合う家族ばかりでないことは，メディアを通してイヤというほど知っている。上野千鶴子は「世帯」という構造や形態に特化した家族に対して，主観的な家族範囲を対置させた（上野 1994）。

具体的には，ファミリー・アイデンティティ（FI）という概念を用いて，主観的な家族範囲を示してもらう方法をとった。同居，別居にかかわらず，誰を「家族」とするかという判定は，客観的な構造よりも主観や意識に多くを負っている。たとえば，単身赴任をしている親や，一人で寮生活をしている子どもは同居こそしていないものの，家族メンバーと認識されることがあるが，逆に，長年同居していたとしても互いにコミュニケーションを取ることもなく，一切関わらないような夫婦や親子は，相手を家族メンバーに入れないケースも存在する。

上野があげている事例にこのようなものがある。高齢の夫婦世帯であるが，娘は結婚して独立。それぞれに子どもをもっている。高齢の妻は自分の娘と孫を FI に入れるものの，娘の配偶者は除外する。ところが，高齢の夫は娘と孫，

配偶者も FI に入れている。そして，この高齢夫婦は，同居している自分の配偶者を FI から互いに除外している。

先にも述べたが，「家族」は客観的な「世帯」と必ずしも一致しない。そこには構造や制度では測りきれないさまざまなリアリティがあふれている。家族を生きる上で，私たちはこのようなリアリティを主観的として切り捨てるわけにはいかない。なぜなら，そのようなリアリティのもとでこそ，日常的な家族をめぐる諸問題は起こっているからである。

3．制度や政策に現れる家族

歴史的に日本では「家」という存在が大きかったといわれる。川本彰によればfamily を家族として翻訳した際に，大きな齟齬が生じた（川本彰 1978）。family とはもともと使用人や奴隷などの非血縁者を含む概念であり，それは日本の「家」も同様であった。ところが，family が家族と翻訳された際に，意味内容が血縁者の集団と限定されてしまい，「家」的な側面を欠落させてしまったという。日本の「家」は血縁を重視するが，それよりも「家」の永続こそが重要であり，家長はそこに責任を負う。仮にその責任を果たせないような不良経営者は血縁に関係なく廃嫡された。武家ならぬ庶民の間では，夫権や婦権が認められ，相続に関しても長子単独相続ではなく，姉家督相続や末子相続，分割相続があったといわれる。明治政府は近代的統一国家を形成するため，そのような「家」を天皇制家族国家体制と家族主義イデオロギーによって統一していき，それが家父長制や家制度という，権力的で抑圧的な構造につながったといわれている。それが戦後による新民法での家族規定を通して現代に接続していく。

ここで，現代における制度や政策において家族がどのようにとらえられているかを見てみよう。

3-1　家族政策の展開

　家族に関係する政策はどのように位置づけられているのだろうか。全国社会福祉協議会編の『現代社会福祉事典』で大枠を確認してみよう。

　「現代社会を構成する最小単位はいうまでもなく個人であるが，家族という集団は労働力（生命）および次代の労働力（世代）を再生産するものとして，社会秩序の維持という面からも，国家にとってきわめて重視されてきた。（中略）今日，家族問題の深刻化などで家族政策の重要性がいわれているが，社会保障政策における公的責任の後退，『家』の復活＝私的扶養優先については警戒しなくてはならない」

　ここでも端的に語られているように，労働力を供給し，社会秩序を再生産するという意味で，国家にとっての家族の位置づけはきわめてインセンティブなものといえる。
　家族政策について整理した下夷美幸は，日本の家族政策研究を「社会存続を目的とした，国家による家族の規制という側面が重視されて」おり，そこでは「国家は家族の統制者」とするが（下夷 2001），実はそのようなとらえ方は日本の傾向であり，欧米では「規制」よりも「支援」が重視されているという。日本の家族政策は，国家や制度を守ることを第一義としていると考えてよいだろう。家族政策の歴史研究をサーベイし，そこに資本主義経済体制の反映を見据える利谷信義（1975）や，その問題意識を継承した原田純孝（1988）の研究で，日本経済と社会保障政策との関連が指摘されている。原田によれば，高度経済成長期における「社会保障の援助の対象としての家族」，低成長期の「社会保障の支え手としての家族」，その後の「社会保障と社会福祉の担い手としての家族」という変遷があるとされ，経済成長が順調な時には家族は援助される対象だが，低成長やゼロ成長時には援助「する」主体として位置づけられることは極めて興味深い。

3-2 少子化対策をめぐって

1990年に衝撃を与えた1.57ショック以来，少子化については緊急課題として政府が力を入れている。図7-1は，『平成16年版　少子化社会白書』に掲載された「第1-2-1図　少子化フローチャート」である。

この図がきわめて興味深いのは，単なる施策の歴史を辿るものではなく，少子化の背景にまで踏み込んだ分析を行っていることであろう。ここで，忘れてはならないのは，これら一連の施策は，当初は「少子化対策」であったということである。

それではなぜ少子化が問題なのか。一般に以下の問題が指摘されている。
・当初において，「国力の低下」，結果としての「国際競争力の低下」などが問題とされたこと。
・人口置換水準の低下により，「人口減少社会」が到来すること。

その後，「子育て支援」という名称が用いられるようになり，「子どもを産み育てたい親の支援」という側面が強調されるようになった。政策的には，2010年の「子ども・子育てビジョン」から方向性が転換され，「家族や親が子育てを担う」という前提が養育者の負担になることを鑑みて，「社会全体で子育てを支える」という方向性が打ち出された。

その後，2012年8月には「子ども・子育て関連3法案」が成立，公布され，これに基づく「子ども・子育て支援新制度」は，社会保障・税一体改革の一項目として，消費税率の引き上げによる財源の一部を得て実施されるものして，2015（平成27）年度から本格施行する方針の下で取り組まれたものの，制度の財源問題（消費税率アップ）や制度設計の問題（幼保の関連と所轄官庁である文科省―厚労省の既得権の対立）から，期待された効力にはまだほど遠いというのが実状であろう。

2014年から始まる「地方創生」も，元を辿れば少子化対策である（増田寛也 2014）。人口減少（＝合計特殊出生率低下）をいかに食い止め，人口置換水準（日本の場合 2.08）を回復することができるか，という問題が設定される。現状では，女性の晩婚化による出生率低下とその再生産により，女性数そのものが

第7章 親密性と関係性の再編のために 175

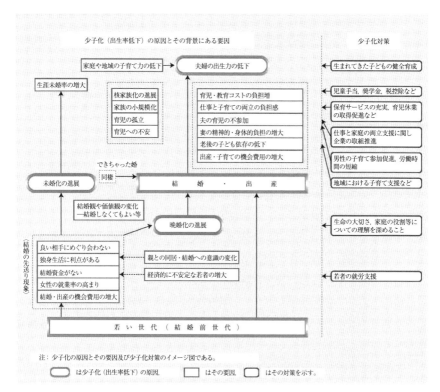

出所）内閣府『平成16年版 少子化社会白書』

図7-1 少子化フローチャート

減少しており，仮に現在の出生率が上がったとしても補完するレベルに到達しない。一方，地方の就職枠が減少し，若者の都市部への移動が顕著になるが，都市部における若者の結婚・出産行動は低迷しており，今後は地方中核都市を中心にした経済システムにインフラを集中させることによって地域ブロックの人口流出を防ぐダム機能を再生し，移動を抑制する。その際，すべての地域を救うことは不可能だから，「選択と集中」は必須である，とするのが地方創生の概略である[5]。少子化問題は，地方行財政まで巻き込んだ国家的な再編にも関連づけられつつある。

ひとつ注意が必要なのは、子育て支援全般について、親が第一次的な子育て責任を有するという認識は共通していることである。松木洋人は子育て支援のジレンマを次のように示す（松木 2013）。

●育児は親が（特に女性が）行うべき⇒子育ての社会化は問題
　→子育て私事論　＝「国家による家族の規制」
●閉鎖的な育児は親に（特に女親）負担⇒子育ての社会化は必要
　→支援の論理

「子育て私事論」を前提にする論者はかなり多いが、仮に「支援の論理」が語られたとしても「親が子どもを育てるもの」という価値判断は共有されており、問題はその強度の違いといえそうである。たとえば、「子どもがかわいそう」等の言説は、子育て中の当事者に対して決定的な影響を与えやすい。

さらにいうなら、この時前提にされるのは異性愛カップルであり、特に血縁の母親である。一連の少子化対策＝子育て支援策が、異性愛カップルを前提にした標準世帯をターゲットとするとき、そこには次のような家族に対する排除性がともなうことになる。

・単親家庭（特にシングルマザー）（赤石千衣子 2014, 阿部彩 2008）
・ステップ・ファミリー（野沢慎司ほか 2006）
・レズビアン家族・ゲイ家族（釜野さおり 2009）
・シェアリング家族（久保田裕之 2009）
・養子縁組家族（中村芳子 2012）
・障がい者家族（横塚晃一 2007）

3-3　制度的な家族の裂け目

制度や施策が前提とする家族は、すべての家族類型を包摂してはいない。図7-2に見るように、家族とは、官僚制組織に代表される公的な社会システムと対置される、私的な場／関係として位置づけられており、それは公的なシステムを上位に置き、私的な家族関係を下位に配するヒエラルキー構造となって

いることには注意が必要であろう（上野千鶴子 1994）。家族は公的な社会システムを維持するための下部構造であり，公的なシステムにおける競争，合理性，効率性，計算可能性，統制可能性という原理の優先に対して，ケア，情緒性，安心・安全感という側面が割り振られ，それらが対比的に構造化されて全体社会を構成している。公的システムにおいては指示・命令が系統ごとにトップダウンでなされ，ここに配置される個々はこの階梯をステップアップすることが期待される一方，私的な家族においては民主的で平等な関係が期待される。

しかし，「私」を担当する家族は，想定されていたような機能を発揮しえているのであろうか。このことを検討してみよう。

(1)「密室」としての家族

家族問題として，「児童虐待」や「DV」などが表面化してすでに久しい。

厚生労働省によると，児童虐待[6]については2014（平成26）年度中の相談対応件数が88,931件と過去最高を記録したとされる[7]。DV[8]については『平成27年版　男女共同参画白書』の統計によると，被害にあった女性は23.7%（内訳，「何度もあった」9.7%，「1，2度あった」14.0%），男性は16.6%（内訳，「何度もあった」3.5%，「「1，2度あった」13.1%），となっている。配偶者暴力相談支援センターへの相談件数は2013年度で99,961件で過去最多。同年の警察の暴

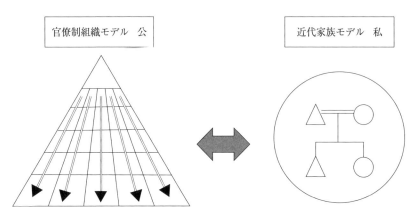

図7-2　社会の公／私モデル

力相談対応件数は 59,072 件で，これも最多となっている。保護命令[9]の発令件数は 2015 年が 2,528 件となり過去最高である。

　両者に共通する問題点は，家族が「密室」となり，外部からその状況をうかがい知ることが困難なため，関係部署が手をこまねいているうちに事態を決定的に悪化させてしまうケースがあるということである。家族を聖域化するあまり，家族の独立というより「孤立」を招いている可能性がある[10]。

(2) 家族における共同性の臨界

　さらには制度的な家族や婚姻について次のような事例をあげることもできる。1990 年に長野で判決が出た「アルツハイマー離婚訴訟」において，離婚が成立した。上野は，「家族が個人の危機に対する保障であるという考え方を根底からくつがえした」（上野 1994）と論評している。

　これに関連して，配偶者の死別後に「姻族関係終了届」を提出するケースが増加しつつあることが報道されている[11]。配偶者の親きょうだいとの関係を絶ち，介護や諸責任の免除，同じ墓に入ることへの抵抗感から「絶縁」したいと望む女性が提出するケースが多いという。もともと配偶者の親への介護や，同じ墓に埋葬される法的な義務や規制は存在しないが，「慣行」として自明視されていた親族の在り方が相対化された事例であろう。

　さらに共同性が逆機能として働く事例もある。

　小林美佳は自身の性被害体験を公表したが[12]，それをめぐって母親との葛藤があったと述べる。

　性犯罪の被害者になったことによる，自分への罪悪感，無力感。「加害者が悪い」ことはわかっているが，特に性犯罪の場合，それを表沙汰にできない風潮があるため，被害体験を抱え込み，自分の非と苛まれ，自己否定に及んでしまう。このような時に，身近な家族が支えてくれると想定しやすいが，必ずしもそうではない。小林は，ただ抱きしめてくれることを期待したが，母親自身が「娘を傷つけられた」という当事者となってしまい，被害者である娘の当事者性を見失わせてしまったという。「（性犯罪被害から立ち直るために：筆者註）私がだれかに甘え，頼ろうとしている姿を見て，母は，『そんなの美佳じゃな

い』と言った」（小林 2008：87）。小林によると，性犯罪の「二次被害」は，家族から受けることが多いという。

「家族の共同性」を無批判に所与とするのではなく，それをどう引き受け，どう向き合っていけるのか。課題はここにある。

(3) 生殖・医療技術の進展による諸課題の生起

また，先端技術の進展によって，血縁幻想を中心とした日本の家族観に不協和を奏でる事態も現出してきている。現代の生殖技術の進展は自然分娩の他にもさまざまな選択肢を用意した。たとえば，夫婦の精子・卵子に限らず，ドナーから提供された精子・卵子を使う道もあるし，妻の子宮を使わない代理母出産という選択肢もある。もちろん，このような選択肢は経済的に制約されるし，何よりも当事者に対して圧倒的な肉体的・精神的な負担をかけることに注意が必要だが，技術的に子どもを得ることは可能である[13]。

不妊治療を受ける人びとは，子どもを欲しい理由を「「(結婚すれば) 子どもがいる生活が当然だから」「みんなに子どもがいるから」自分も欲しいのだ」（柘植あずみ 2010：281）という。結婚したら「子どもを持つのが当たり前」というステレオタイプは疑われることなく流通するため，持てないことの疎外感は容易に払拭できず，個人を縛ってしまいやすい。「子どもが欲しい」という願望は，自分たちの本源的な願いなのか，それとも，現代社会においてそのように仕向けられた願いであるのか，それを明瞭に説明することはできまい。柘植は，不妊治療を生き方の選択の問題としつつも，それを選択しているという錯覚のもとに選択させられている可能性を示した上で，それを考えることの困難性をも指摘している（拓殖：290）。

一方で，「自分(たち)の子ども」という願いは，養子縁組に対する否定的な認識と裏腹であるともいえる。中村芳子は，血縁の子ども以外に養子縁組を行ったが，その際に周囲から強硬に反対されたことを述懐する（中村 2012）。「血縁の子ども」を絶対視し，それ以外の関係を排除する構造。ここには，「普通」でないものを排除していくステレオタイプのダイナミクスが介在している。不妊治療を諦め，養子縁組をすることでつかめる幸せもあることは銘記してお

いてよいだろう[14]。

4. 人間の成育と生育環境としての家族――社会化をめぐって

　家族の実態や制度の現状を俯瞰してきたが，それでは，何故，家族が重視されるのか，その点を理論的に跡づけておこう。人間の自己形成は，養育者との関係を抜きに語ることはできない。
　まず，生物学でいう「ヒト」（ホモサピエンス）が社会的な存在である「人間」になる過程を振り返る。
　私たちは，生物学的な父の精子と生物学的な母の卵子が「受精」するという契機から発生する。受精卵が細胞分裂を開始し，両親から受け継いだ23対×2の染色体はシャッフルされ合体した結果として私たちは形成されるが，その際，均等に23対の2セットになる女性（XX型）と一対にY染色体をもつ男性（XY型）とに分かれることになる。Y染色体にはSRY（Sex-determining region Y：性決定遺伝子）が存在し，途中まで全く同じ細胞分裂の過程を辿っていた受精卵は，SRYの影響で男性型としての細胞分裂が開始され，その後のカスケードとして女性型とは違う新たな扉を開いていき，結果として男性型は，女性型と異なったものとして形成される。この意味で，生物体としては女性（XX型）がディフォルトであり，男性（XY型）はそのカスタマイズされたものと理解してよい（福岡伸一 2008）。ただし，細胞分裂は機械的な過程ではなく，極めて個性的に行われるため，XX型・XY型とにデジタルに二分されるわけではなく，XXY（クラインフェルター症候群）や0X（ターナー症候群）などさまざまな中間項も存在する。このように考えると，性は2つに分かれるというより「グラデーション」なのだという考え方もできるだろう。
　この生物学的な過程の後，出産を経て当該社会に「出生」したのちは，養育者との相互作用を通して当該社会の一員となるさまざまな学習をしていくことになる。この，「出生」以降に行われる社会的な過程を「社会化」（socialization）と呼ぶ。まず，養育者との相互作用を通して，コミュニケーションのための方

法（主に「ことば」）を学習・習得していく過程が起こり，相互作用が反復して積み重なっていくことで，その社会に偏在する「意味」や「文化」が学習され，その社会の成員となっていくプロセスが続く。その当初の段階で私たちの多くが経験するのが「家族」という場／関係なのである（図7-3参照）。

4-1　社会化と相互作用

P. バーガー（Peter Ludwig Berger）によれば，社会化とは「個人が社会の一員となるために学習する過程」（バーガー 1979：62）である。その過程は一方的な「教え込み」ではなく，子どもも主体性を発揮する[15]。「社会化とは，子

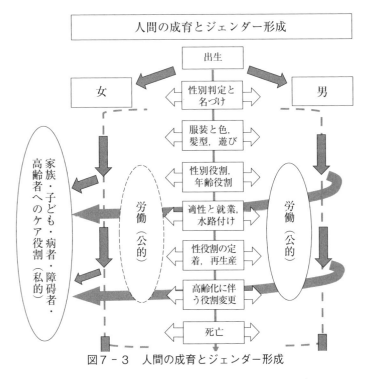

図7-3　人間の成育とジェンダー形成

出所）春日清孝（2016）『ジェンダー化社会を超えて』第4章　p.106, 学文社

どもが社会に加入する過程であり、子どもが自分に与えられた世界に加入するために成長し、自己をのばしていく過程である」(バーガー 1979：64)。しかも人間の生きる現実は、新しい環境や関係、認識や価値観の変動、さらに技術の進展に伴って変容し続けるものであるから、社会化は死ぬまで継続される。

　このような相互作用が、養育者との関係を超えてさまざまな人びととのあいだで複合的に「反復」され「積層」することによって、刺激と反応の結びつきを媒介する「意味」が「定着」していくようになる。他者との相互作用が量的にも質的にも拡大するにつれ、その社会における一般的な「社会的イメージ」が身についていく。ミード (George Herbert Mead) は、これを「一般化された他者」(generalized others) と呼んだ (ミード 1934=1973)。私たちはこのように相互作用を反復していくことによって社会的な存在になっていくのである。さらに、相互作用を主体的・意図的に反復していくことで、自己社会化していく可能性も否定できないはずである。

4-2　ステレオタイプ (Stereotype) の習得

　相互作用の反復によって習得される社会的イメージは、ステレオタイプ (Stereotype) としても説明できる (以下、ステレオタイプを ST と略記する)。ST とは、特定の社会や文化の中でそのメンバーに広く受容されている固定的、画一的な観念やイメージのことであり (リップマン 1928=1987)、その特性は、以下の2点である。

　① 労力の節約：ST に依拠することでものごとを「理解」できる。

　② 社会的な防御手段：ST は「われわれの個人的習慣の核ともなり、社会におけるわれわれの地位を保全する防御ともなっている」(リップマン 前掲：130)。社会で自明視された ST は、その社会での価値観・世界観として機能し、指針ともなる。ST への反逆はそれを共有する社会への反逆となり、過剰反応、時に否定的な排除行動となることもある。このプロセスは極めてダイナミックなものである。

　ただし、この ST とは永遠不変なものではなく、変容していく、させていく

ことが可能である。先に見たパートナーシップ条例が徐々に成立していったことを思い出してみて欲しい。STに囚われる必要はないのである。

4-3 制度的な社会化概念とその摘要

現代における家族概念を水路づけたのは，G.P.マードック（George Peter Murdock）によって提唱された核家族概念である（Murdock, G. P. 1949=2001）。マードックによれば，核家族とは一組の夫婦とその未婚の子どもからなる集団であり，性，経済，生殖，教育の機能をもつ。T.パーソンズは，これらの機能が社会からの要請として核家族に課せられているものと定式化した。

パーソンズは，「家族が必要なのは何よりもまず，人間のパーソナリティは『生まれる』ものではなくて，社会化過程を経て『つくられ』なければならないからである」（Parsons, T., *et al.* 1955=2001：35）とし，家族の機能として①子どもの社会化，②家族の男女成人のパーソナリティの安定化の2つをあげた。パーソンズは社会的分化として，男性に道具的（instrumental：将来への目標達成を優先させる志向）機能を，女性に表出的（expressive：即自的な欲求充足の関心を優先させる志向で，特に子どもの世話に特化して専門化）機能を振り当て，男女の性別役割分業を社会の発展図式の基礎とした。これがいわゆる男＝外で仕事，女＝家事，育児という性別役割の根幹となっている。

パーソンズにとって社会化とは「子どもが自己の生まれついた社会の文化を内在化（internalization）すること」（ibid：36）であり，それは一方的な刷り込み過程であった。この時，社会の維持が重要であり，そのような刷り込みを担うのが家族とされたわけである。

後に，社会（体系）を所与とし，その維持のための家族および子どもという機械論的な論理構成が批判されるが，家族を本質論的にではなく社会との関連でとらえる方法は，社会学的な研究の端緒を開いたともいえる。人間が社会によって一方的に決定されるのではなく，社会における諸関係を通して形成されるなら，そこには多様な展開がありうるのではないだろうか。

5. 社会的マイノリティの実践／運動から

　ところで，制度化された家族から象徴的に隠蔽され除外された存在があった。これらの社会的マイノリティを振り返ることによって，家族の今後を検討する一助としたい。

5-1　ジェンダーという視点

　家族について最も鋭い問いかけを行ってきたのはフェミニズムによるものであろう。

　フェミニズムは，家族において女性が担ってきた家事やケア労働を「無償労働」（unpaid work）とし，それらが女性を搾取する構造であると問題提起してきた。家事，育児，介護などは，女性がするのが当たり前な労働とは決していえない。私的な領域，すなわち家族におけるケア労働は極めて重要であるにもかかわらず社会的に評価されていない。一方で，社会における有償労働には男性の比率が高い。これは差別ではないだろうか。

　このような女性の異議申し立ては，ジェンダー（gender）という概念を用いることによって明確に提起されるようになった。もともとは文法上での概念の性差を指すものだったが，それが一般的には生理生物学的な性（差）であるセックス（sex）に対置され，社会文化的な性（差）を意味する用語として流通・定着した。ジェンダーは後天的に「学習」される側面を重視するため，個々の出生や成育をとりまく社会環境や文化環境を相対化し，ここに働きかけることによって性の不平等を是正する（しうる）という認識に連なる。

　先に見たように，セックスという概念も機械的な決定論ではないのだが，ジェンダーはそれ以上に，相互作用とその反復による積層と定着を問題とする。もちろん，遺伝子レベルで個体に影響を与えるものがないと明言することはできないが，少なくとも私たちは遺伝子プログラムによって駆動され，それを再生産するための単なるキャリアではない。自己犠牲や利他主義等，私たちは遺伝子を危険にさらすような自己決定をしうる主体でもある（真木悠介 1993）。

ジェンダーは，特定社会構造に影響されつつ，関係性と相互作用を通して立ち上がってくる（図7-3参照）。たとえば，日本における自称で，男子は「ボク」「オレ」「ワタシ」「自分」等，女子は「ワタシ」等と使い分けるのは，相互作用による学習の成果である。さらに，男子と女子の特性といわれるものの多くは学習されてきた「役割」である。それらは相互作用の反復に伴って自身のアイデンティティの根幹に埋め込まれ，日々の相互作用を通して反復・参照されることで結果的に強化されていく。これは意識領野からは見えづらくなるほどステレオタイプ化されているが，その後に変容・微調整が不能なほど固定的なものであるとも言いきれない。なにより，性は「グラデーション」である。

生物学的な決定論を超え，ジェンダーという二項対立図式を相対化し，新たな関係性構築を継続していくこと，言い換えれば「再社会化」することは，生き方の自己決定の問題であり，常に開かれている。

5-2 近代家族論

日本において近代家族とは「子ども中心主義」を媒介にした「情緒的な共同体」として定義される（落合恵美子 1989：6）。落合は近代家族の特徴を以下の8項目で示した。

```
1 家内領域と公共領域との分離
2 家族構成員相互の強い情緒的絆
3 子ども中心主義
4 男は公共領域・女は家内領域という性別分業
5 家族の集団性の強化
6 社交の衰退とプライバシーの成立
7 非親族の排除
8 核家族
```

最も重要なのは1の項目であり，先にも触れたように，私的領域と公的領域が分断されていて，それぞれが「近代家族」と「市場（または公的な組織）」と

して，表裏の関係としてワンセットになっている。女，子ども，高齢者，障がい者などは，公的な市場や官僚制組織から排除された影として「家族」に隔離される。公的領域の自由・平等の理念は，「家族」という壁に遮断され，そこには反映されない。パーソンズが述べた家族における子どもの社会化機能とは，この「私的領域」から「市場」を中心とする公的領域に近代的主体（男性が中心）を供給することにある。「男」「女」という二項対立図式そのものが，本来的な「n 個の性」をどちらかの性に振り分けることによって成立する，官僚化・市場化された近代の枠組みに基づいている。「近代家族」や「ジェンダー」は，官僚制や市場の在り方と不可分であり，それは関連づけて考えられねばならない（図 7-3「人間の生育とジェンダー形成」を参照）。

5-3 障害者／障害学の視点から

女性の排除というフェミニズムの指摘と響きあうように，中西正司らが現代社会を，（障がい者を排除し）「非障害者を標準」として構築していると批判するのは極めて正当である（上野・中西 2003）。

先に述べた健常者（非障がい者）を標準とした社会や家族の在り方について，障がい児の存在を排除することへの批判が起こる。

もっとも有名な主張は 1970 年 5 月に提起された。障がい児を育てることに疲れた母親が子どもを殺害した事件において，当該地域の住民から母親に対する減刑嘆願運動が起こった。しかし，「青い芝の会」など障害者の当事者団体は減刑嘆願へ反対する運動を起こし，それを厳しく批判した（横塚晃一 2007）。その母親も，現代社会の被害者であることを認知しつつも「冒した罪の深さからいって何等かの裁きを受けるのは当然」（横塚 95）とする。この問題を「悲劇」とするにしても，殺された側の悲劇が第一であろう。もし，このロジックが受け入れられないならば，障がい者は死んだとしても文句も言えない存在なのか，死んで当たり前なのかというさらなる問いが突き付けられる。事件に関する意見書をもって神奈川県庁に行き，数人の県会議員に自分たちの意見を訴えたところ，返ってくるのは「あなた方に母親の苦しみがわかるか」「母親を

これ以上ムチ打つべきではない」「施設が足りないのは事実ではないか」などと逆に非難されることになる（横塚 99）。問題は錯綜としている。女性と子どもは対として見なされやすく，子どもの障がいについても母親が責任を負いやすい。江原由美子がいうようにこの構造そのものが家父長制的なものであるのは確かだが（江原 2002），それでも，自己決定と自己決定の相克と見えるこの事態は，前提となる社会と家族に対するさまざまな思いこみ（ドクサ）を問い直し，解きほぐした上で，あらためて共生の地平を探るしかないのではないだろうか。

　2016年7月26日，相模原市の津久井やまゆり園に入所していた人びと数十人が殺傷される事件が起こった。メディアはこれにいち早く反応し，その後数週間，報道はこの事件で満ちあふれた。なかでもNHKは「バリバラ」（Eテレ）で「障害者殺傷事件」を取り上げ（2016年8月7日放映），翌8日には「ハートネットTV」で「障害者施設殺傷事件」という緊急特番を放映した。また，活字メディアとしては『現代思想』（2016年10月号）が相模原障害者殺傷事件という緊急特集を組んだ。27名の論者がそれぞれの立ち位置（ポジショナリティ）からさまざまな問題提起を行っている。なかでも注目に値する論考として，官僚制におけるヒエラルキー構造とその上昇志向によってからめとられる生き方に対してオルタナティブを提示した最首論文（最首悟 2016），生産能力を自明としそれによる序列化を障がい者に適用することを批判した廣野論文（廣野俊輔 2016），自己決定を行った主体に対する自己責任要求を示した明戸論文（明戸隆浩 2016）などがある。どの論考も，障がい者に対する差別が現代社会の制度的・官僚的構造に関連づけられて展開されている点は共通している（図7-2参照）。

　障がいについては，次のような指摘もある。

　見形信子は脊髄性筋萎縮症と診断され，小学校以降国立療養所での入所生活を送っていたが，亡くなった筋ジストロフィー（ディシェンヌ型）の友人の家族が，遺伝子診断を行ったことに対して激しい疑問を抱く。

　見形とそのグループ「神経筋疾患ネットワーク」が問題にしている着床前診

断とは，受精卵に遺伝性疾患があるかどうかを調べる方法で，8細胞前後にまで卵割が進んだ段階でその遺伝子や染色体を解析し，障がいがある受精卵は廃棄するという方法を取る[16]。問題は，「障害」がある，またはもつ可能性があるものは廃棄して構わないという，「生命の選別」という発想にある。

　日本では1995年3月より鹿児島大学倫理委員会が臨床応用承認で合意して以降，着床前診断は産科婦人科学会で承認され，その適応範囲は徐々に拡大しつつある。見形をはじめとした反対派は次のように主張する。「① 障害を持って生まれることはどうしていけないの？　② 障害者は不幸ではなく，社会の環境が変われば生きて行ける，③ 今を生きている障害者に対する差別につながる，④ 女性の体への負担，⑤ 健康な子どもを産まなければならないという，女性に対する抑圧，⑥ 優生思想につながる」[17]。対して，賛成の立場からは次のような主張がなされるという。「① 障害を持って生きるのは不幸，② 誰もが五体満足な子どもを産むことを期待している，③ 障害を持つ子どもを育てるのは大変，④ そもそも短い命なのにかわいそう，⑤ 障害を持つ人に同じ苦労をさせたくない（家族・障害当事者の声），⑥ 最後の不妊治療の一つ」。

　何よりも問題なのは，このような葛藤や対立が社会的に隠蔽され，問題としても「なかったこと」にされてしまうことではないだろうか。反対意見・賛成意見を紹介した後で，最後に見形は次のように述べている。

　そして，賛成でも反対でもない人たち　着床前診断を知らない人たちが　一番多くいます[18]。

　その後，この問題は劇的な変転を遂げる。2014年6月，新聞各紙で「新型出生前診断」による遺伝子異常が確定した胎児の親のうち97％が中絶堕胎したという記事が掲載された。「新型出生前診断」とは今までの主流であった「羊水検査」とは異なり，穿刺針を差し込んで母胎を傷つけることなく，20ccほどの血液採取を行い，その中に漂うDNA断片から胎児の障がいを高い確率で判定できるという。全受診者の1.8％にあたる142人が陽性判定であり，そ

第7章　親密性と関係性の再編のために　189

の後の確定診断を受けたうちの113人が「異常あり」とされ，その中の110人が人工妊娠中絶を受けたというが，そのまま妊娠を継続している親も若干存在するものの，確定診断を受けずに中絶したり，陽性判定前に中絶したケースも若干存在する[19]。「生命の選別」という観点からすると，このことは重大な問題を提起しているように見える。

　これらの問題は，一般的にそのような事態が存在していることさえ認識されないことが多い。一方で優生学的な見地からは社会にとっての有用性が大上段に振りかざされ，有用でない存在を排除することを肯定する意見もあり，他方で，個々の家族の生き難さや経済的困窮を理由に生命の選別が行われることを容認していく論調も存在する。

　問題は，排除するかしないかの結論に至る以前に，どのような選択肢を構想することができるかどうかであり，この意味で社会構造の再点検と再検討が求められているといえるのではないか。

　付言するなら，先に触れた「性のグラデーション」を用いて，「障がい─健常のグラデーション」ということもできるだろう。100％の「健常者」や100％の「障がい者」はフィクションでしかないのだから。

6．家族になるということ─関係性への着目

6-1　関係性の問題

　第4節で述べたように，私たちは他者との相互作用を通して自己形成（＝社会化）を継続的に行っている。図7-4は，現代における人間関係をモデル化したものである。

　次図であげたのは，大平健が『やさしさの精神病理』で提示した人間関係をモデル化したものである。旧来の「やさしさ」（①）は，互いの痛みや辛さを共有することによって和らげるという「癒しや」的な関係構造である。対して現代の「やさしさ」（②）は，互いの中に立ち入らないようにして不要な葛藤を避け，表面的な滑らかな関係を維持するという，「予防」的な関係である。

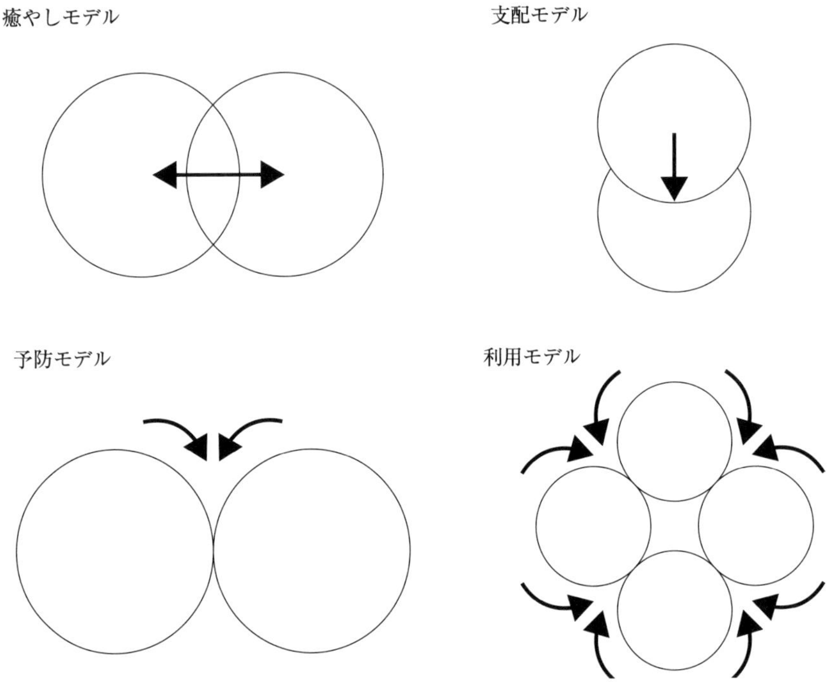

癒やしモデル　　　　　　　　　　支配モデル

予防モデル　　　　　　　　　　　利用モデル

出所）春日　2009：93-94に追加

図7‐4　人間関係モデル

　私たちは，「親密さ」として「癒やしモデル」を想定しやすく，それが人間関係の理想と見なしやすい。しかし，「予防モデル」にみられるような関係をマネージメントする方法こそ，現代社会でよく見かける在り方ではないだろうか。この関係は家族の在り方にも反映しており，自分の家は「予防モデル」だという学生の反応はそれなりに多い。
　では③④のモデルは何を現すか。端的にいって，関係に権力や上下を取り入れたものである。①②では対等な関係，水平な関係が前提なため，現実に存在する権力の問題を扱えない。「支配モデル」(③) は一方的な侵食と押しつけによる関係であり，具体的には DV や虐待の問題につながる。「癒やしモデ

ル」において水平であった関係は上下関係となり、上位者からの権力的な働きかけで一方的な関係が構築されてしまう。問題はその構造が日常化した場合、その関係が安定してしまいやすいことである。「利用モデル」（④）はリーダーとその取り巻き関係で、いじめ問題に関連する。互いの存在を支え合うが、共有するものがないため極めて不安定なのは「予防モデル」と同様だが、ここではリーダー格の存在と、場合によってはいじられ役の存在という不均衡な位置づけが互いに異なった動機で支え合う。しかし、意味の共有は図られないため、群れること自体が目的となってしまう。権力的な上からの働きかけで下のものは抑圧されやすいが、グループという「居場所」を得られる。逆に、リーダーが度を超した権力を振りかざす場合、リーダー自身がハブられ、見捨てられることもある。

　上記のモデルの中で、十全な相互作用が行えるのは「癒やしモデル」しかない。

　すべての関係でそのような関係性を構築することは難しいが、逆に、そのような関係が全くないとするなら、そのライフは豊かといえるのだろうか。

6-2　共同性の再構築に向けて

　望月重信は関係性として「自己＝他者性を生きる」ことを提起する。一見矛盾した記述にみられるこの言明は、自身が自己を生きるということの自己完結的な排他性を俎上にあげている。私たちが「生きる」ということは他と隔絶された「個体」が「生命体」として生きる（＝再生産する）ということに終始するのではなく、他者との関係性を生きるということにつながっていよう。そうでないならば、私たちは永遠の自己肯定を繰り返す自己中心的な存在でしかなくなってしまう。自己＝他者性という観点からすると、家族とは最も身近な関係性であり、相互作用のステージでもある。そしてそれは、取り替えのきかない、重要な他者との間で取り交わされる最も基底的なものだろう。

　私たちは関係性を生きる以上、他者からの視線を免れることはできない。この意味で、主体とはつねに自己＝他者性という矛盾を生きることになる。こ

れに関して，竹内敏晴の他者論は重要な示唆を与えてくれる（竹内 1999：237-242）。

竹内は「人と人とのまじわり」の初源を「ふれ合うこと」に置くが，実は「ふれる」ことが「自分の思いこみや習慣に他人を取り込もうとしている」ことであることに気づきづらいことを指摘する。言いかえれば，相手が自分とは全く異なった他者であることに向かい合えるかどうかが課題なのだ。しかし，竹内は，「他者にまざまざと出会い，他者性を身にこたえて知るということは，たやすいことではない」と述懐する。竹内の場合，それを家族の中で思い知ることになる。「人が人にふれたと感じるその先にこそ根元的な他者性が現われる」。

わたしは仕事で力を使い果しへたり込むように家へ帰ってくることを，男の誇りみたいに思いこんでいたところがあった。ある晩つれ合いは座り直して言い放った。「ここはあたしとこの子が暮らしている大切な場なのよ。ボロゾーキンみたいなしわくちゃな顔して入ってこないで！　汚さないで！　出て行って！」。

竹内は自らの自覚せぬ家父長的な身勝手さに気付くと同時にもう一つの重要な認識に突き当たる。

自分の気持ちに正直であろうとすることは，言いかえれば自分であり続けようとすることは，相手を無視し傷つけることになる。自分を押えて相手に合わせていればからだがこわれる，病気になる。ことばが出なくなる。押さえるのではなく自分を超えてゆくにはどうすればいいか？

竹内は，自らの（他と切り離された個人的な）働きかけによって壁を壊し越えようとするのではなく，次のように結論を出す。

第7章　親密性と関係性の再編のために　193

かけがえのない，そしてわたしとは絶対に異なる存在に呼ばれ，そして，大切にすること

　いつ呼ばれるかは明確に特定できない。しかし，そのたまたまに向かって常にからだを開いているように自らに促すことはできる。竹内は他者を「引き受けて」いこうとする（竹内敏晴 2009：219）。

　セキュリティという概念に立ち戻るならば，家族とは現代の社会構造に公─私（または公＞私）として関連づけられ制度化されたシステムである。家族というセキュリティを問うことは公的なサービスを充実させること，すなわち公的なセキュリティを徹底することに終始しないし，私的な関係を充溢させること，つまり私的なアジールをセキュリティとして排他的に構築していくことでもなく，その関係構造をとらえ直していくことこそが本義となろう。言い換えれば，自己＝他者性を引き受けることによって生じる関係性の紐帯を再構造化していくことが鍵となる。それは，自分にとって共有できないものがあったとしても，互いを引き受け合う，脱中心化した共同性／関係性をいかに生きられるかということ，そのような共同性／関係性を繰り込んだ社会のシステムを構築／再構築できるか，という課題につながっていよう。言い換えれば，それは新たなセキュリティの構想を志向しているともいえるだろう。本書が「社会のセキュリティをどう生きるのか」と題されたゆえんである。

【注】
1）警察庁の平成 24 年の犯罪情報（2013）によれば，全殺人事件の 53.5% が親族間で発生しているという。
2）ボウルビィ（John Bowlby）によって提唱された愛着（Attachment）理論は，戦災孤児を対象にしたものであり，この意味で血縁を絶対視しているわけではない。
3）「『貧困たたき』の背景は？　ＮＨＫ報道めぐりネット炎上」
　http://digital.asahi.com/articles/ASJ9954L 1 J99UTIL03Z.html（2016 年 9 月 14

日7時4分最終アクセス）
4）講談社『FRaU』1996年3月号
5）ただし，このような青写真が実現可能かどうかは不確定であり，いったんこの方策が現実化した際に「選択」されなかった地域は一挙に「消滅」に走りかねないことも注意する必要がある。ただし，このことに反発する論者が，伝統的家族観を盾にしてしまうという錯綜もみられることには注意しておく必要がある（たとえば，山下2014）。
6）児童虐待の定義は，保護者がその看護する児童（18歳未満）に行う次の行為。①身体的虐待，②性的虐待，③ネグレクト，④心理的な虐待
7）厚生労働省が平成26年度に取りまとめた児童虐待の統計によると，虐待者の内訳は，実母54.3％，実父31.9％と続いている。実に血縁の親からの虐待が85％強となっている。なお，実父からの虐待は数値的に上昇している。
8）DVの定義は，一般には親密な関係にある，またはあったものから振るわれる以下の暴力のこと。①身体的暴力，②精神的暴力，③性的暴力。その他，④経済的暴力（お金を渡さない），⑤社会的隔離（交友関係を制限される）なども含めることが多い。また，②の精神的暴力には「脅迫，威嚇」も含む。日本におけるDV防止法は問題も多く，たとえばその名称（「配偶者からの暴力の防止及び被害者の保護等に関する法律」）にみられるように，対象者は既婚者と事実婚者および過去においてそのような常態にあった者に限られ，未婚者や恋人からの暴力は含まれていない。
9）保護命令とは，被害者からの通報により裁判所が命じるもので，加害者への強制退去（居住を同じくしていた場合），被害者とその関係者へのつきまといや近辺の徘徊禁止，連絡の禁止などがある。
10）しかしこれには，虐待言説が施策を主導するために用いられ，行政介入を正当化するために用いられているという批判もある（上野加代子1996）。
11）東京新聞
http://www.tokyo-np.co.jp/article/national/list/201612/CK2016121002000243.html（2016年12月10日最終アクセス）
12）性犯罪被害について語ることはタブーとされることが多く，さらにそれを男性である筆者が扱うことについてはフェミニズム的な観点からの批判が想定しうる。しかし，ここでは「性」の問題について，明示化することなく隠蔽する傾向をこそ取り上げたかったということ，さらにはその傾向が，家族の中での社会化の結果として「一般化」されやすく，被害にあった人間を二次的に排除してしまいやすい傾向を生んでいることを取り上げるために扱ったことをおことわりしておく。

13)「不妊治療に1千万円　重い経済負担，心に突き刺さる言葉」
http://digital.asahi.com/articles/ASJ 3 J538PJ 3 JPTIL02C.html（2016年4月1日最終アクセス）
この記事では，不妊治療にかかる経済負担と心理的・身体的な負担がいかに大きいかが触れられている。
14)「血縁なくても幸せ親子　不妊治療10年，迎えた養子」
http://digital.asahi.com/articles/ASJ 3 T 5 SBLJ 3 TPTFC013.html（2016年5月4日最終アクセス）
15) バンデューラ（Albert Bandura）による子どもの模倣（「モデリング」modeling）にも注目しておきたい。
16)「神経筋疾患ネットワーク」パンフレットより
17) 明治学院大学コース演習ミニワークショップ資料より（2010年12月3日開催）
18) 明治学院大学　同上
19)「新出生前診断　染色体異常，確定者の97％が中絶　開始後1年間，病院グループ集計」
http://www.nikkei.com/article/DGXNASDG2703S_X20C14A6CC1000/（2014年6月27日20：49最終アクセス）

【引用・参考文献】

阿部彩（2008）『子どもの貧困』岩波新書
赤石千衣子（2014）『ひとり親家庭』岩波新書
明戸隆浩（2016）「『これはヘイトクライムである』の先へ」『現代思想　相模原障害者連続殺傷事件』44/19　2016年10月号，青土社，pp.213-221
バーガー，P. L. 著，安江孝司訳（1979）『バーガー社会学』学習研究社
江原由美子（2002）『自己決定権とジェンダー』岩波書店
原田純孝（1988）「『日本型福祉社会』論の家族像」東京大学社会科学研究所編『転換期の福祉国家（下）』東京大学出版会，pp.303-92
廣野俊輔（2016）「相模原障害者施設殺傷事件と優生思想」『現代思想　相模原障害者連続殺傷事件』44/19　2016年10月号，青土社，pp.162-168
福岡伸一（2008）『できそこないの男たち』光文社新書
岩田正美・西澤晃彦編（2008）『貧困と社会的排除』ミネルヴァ書房
『現代思想　相模原障害者連続殺傷事件』44/19　2016年10月号，青土社
釜野さおり（2009）「性愛の多様性と家族の多様性」牟田和恵編『家族を越える社会学―新たな生の基盤を求めて』新曜社

春日キスヨ（2010）『変わる家族と介護』講談社現代新書
春日清孝(2009a)「"私"はどこまで私なの？」佐藤典子編『現代人の社会とこころ』弘文堂，pp.68-77
―― (2009b)「人間関係はむずかしい？」佐藤典子編『現代人の社会とこころ』弘文堂，pp.87-111
―― (2011)「親密圏と関係性の再編」『〈社会のセキュリティ〉は何を守るのか』学文社，pp.159-184
―― (2016a)「コミュニティとメディア―関係性の再構築のために」『ジェンダー化社会を超えて』学文社，pp.89-126
―― (2016b)「"自立・共生"を超えて―ジェンダー論的展開可能性の検討」『ジェンダー化社会を超えて』学文社，pp.127-169
川本彰（1978）『家族の文化構造』講談社現代新書
小林美佳（2008）『性犯罪被害にあうということ』朝日新聞社
久保田裕之（2009）「若者の自立／自律と共同性の創造」牟田和恵編『家族を越える社会学―新たな生の基盤を求めて』新曜社
Lippmann, W., (1922) *Public Opinion*.（= 1987『世論（上）』岩波文庫）
真木悠介（1993）『自我の起源』岩波書店
増田寛也（2014）『地方消滅』中公新書
松木洋人（2013）『子育て支援の社会学』新泉社
Mead, G. H., (1934) *Mind, Self, and Society*.（= 1973, 稲葉三千男ほか訳『精神・自我・社会』青木書店）
Merton, R. K., (1949) *Social theory and social structure*, The Free Press.（= 1961, 森東吾ほか『社会理論と社会構造』みすず書房）
見田宗介（2015）「現代社会はどこに向かうか（2015版）」『現代思想　総特集　見田宗介＝真木悠介―未来の社会学のために』2016年1月臨時増刊号，青土社，pp.29-37
望月重信編（2009）『変化する社会と人間の問題』学文社
牟田和恵編（2009）『家族を越える社会学』新曜社
Murdock, G. P., (1949) *Social Structure*, New York : Macmillan.（= 2001, 内藤莞爾『社会構造』新泉社）
内閣府（2006）『家族の法制に関する世論調査』
仲正正樹（2007）『「プライバシー」の哲学』ソフトバンク新書
中村芳子（2012）『養子でわくわく家族』小学館新書
中西正司・上野千鶴子（2003）『当事者主権』岩波新書
野沢慎司ほか（2006）『Q&Aステップファミリーの基礎知識』明石書店

岡田光世（2000）『アメリカの家族』岩波新書
大平健（1995）『やさしさの精神病理』岩波新書
落合恵美子（1989）「近代家族の誕生と終焉」『近代家族とフェミニズム』勁草書房
Parsons, T. & R.F., Bales, (1955) *Family, Socialization and Interaction.*（=2001『家族―核家族と子どもの社会化』黎明書房）
最首悟（2016）「ぼちぼちの人間世界へ」『現代思想　相模原障害者連続殺傷事件』44/19　2016年10月号，青土社，pp.30-37
下夷美幸（2001）「家族政策研究の現状と課題」『社会政策研究2　特集　家族・ジェンダーと社会政策』東信堂，pp.8-27：10
下重暁子（2015）『家族という病』幻冬舎新書
――（2016）『家族という病2』幻冬舎新書
竹内敏晴（1999）『教師のためのからだとことば考』ちくま文庫
――（2009）『「出会う」ということ』藤原書店
利谷信義（1975）「戦後の家族政策と家族法」福島正夫編『家族　政策と法　1総論』東京大学出版会，pp.53-186
柘植あずみ（2010）『妊娠を考える』NTT出版
上野加代子（1996）『児童虐待の社会学』世界思想社
上野千鶴子（1988）『「女縁」が世の中を変える』日本経済新聞社
――（1994）『近代家族の成立と終焉』岩波書店
――（2007）『おひとりさまの老後』法研
上野千鶴子・中西正司編（2003）『ニーズ中心の福祉社会へ―当事者主権の次世代福祉戦略』医学書院
Visher, E. B. & J. S., Visher（1982）*How to win as a Stepfamily*, Brunner / Mazel, inc．(= 2001，高橋朋子『ステップファミリー』WAVE出版)
山下祐介（2014）『地方消滅の罠』ちくま新書
横塚晃一（2007）『母よ！殺すな』生活書院
全国社会福祉協議会編（1988）『現代社会福祉事典』廣済堂

あとがき

　2011年の東日本大震災の直後から，「絆」という言葉が使われることが多くなった。絆という言葉が「人と人のつながり」を意味すると考えるならば，人と人とが，時には協調や共感を示しながら，また，時には対立しながらも，それぞれの局面において，人と人の関係を創りあげていく創発特性として捉えられる。そうした関係は，異質性を有する者を「柔らかな」形であったとしても排除することもなく，異質性を包含しながら，相互に影響を及ぼしながら変容し，新しいものを創りあげていくことになるであろう。この視点はけっして目新しいものではなく，5章で取り上げた奥田道大の都市コミュニティの定義に見られるように，社会学の中で，これまでも有してきた見方であると言えるであろう。そして，このことは，都市コミュニティのみの問題ではなく，4章で見たように，農村社会においても，地域による濃淡はあっても生じつつある。そうした視点に立つならば，「絆」という言葉は，序論で述べた「多様でそれぞれが個性的な『個人』の相互作用によって，仮にぶつかり合ってもいずれは連帯していくこともできる，人間生活としての『社会』のことを示す表記」と通底する部分もあるやもしれない。

　しかし，現実はどうであろうか。むしろ，先に述べたこととは，逆の方向に進んでいってしまっているのが実態なのではないだろうか。つまり，「絆」という言葉の下に，異質性を排除し，存在すること自体を否定する。そして，異なる者を否定することによってのみ自己の存在の正当化を図り，自己承認することができるという状況に陥ってしまっているのではないだろうか。こうしたことは，特定の立ち位置に立つ者だけではない。立場の違いはあっても，異質性を有する者に対するスタンスは共通しているように思われる。

　このような現実は，何を意味するのであろうか。このことは，単に，「全体のための個」であることを求めるだけではなく，「全体の中に位置することができる個」であることを確認することを通して，自己の存在する場を確保することができるという安心感を得ようとする心理につながっているようにも思える。つまり，自分とは異なる者の存在は，自分の存在意義や存在価値を否定す

る者であるかのように感じてしまうのではないだろうか。むろん，自分とは異なる価値観の存在を一切認めない社会を構築することは非現実的ではあるし，不可能なことである。だからこそ，6章で見たように，貧困問題に対する否定的な態度が，あたかも正論であるかのような言説として流布されていくように思われる。そこには，自分の正当な権利を不当に収奪する者に対する正当な権利の行使である思い込んでしまった上での「正義」の実現という誤認が存在していると思われる。

　このことは，貧困問題に留まるものではない。1章と7章のバックボーンに存在する障害者に対する「まなざし」にもつながっている。自分とは無関係の異なる存在と認識している障害者（もちろん，その認識そのものが誤りである。一見，自分とは無関係に思われる事象であったとしても，それは現時点の条件下において潜在的な存在でしかないために，自らの問題として認識していないだけであって，いつ・どこで自分の直接的な問題として向きあわなくてはならない顕在的な存在になるかは分からない）は，自己が果たしている社会的役割の対価である社会サービスを簒奪するフリーライダーであるかのように誤認してしまうことになっている。このような誤認の背景には，個人と社会を対立的に捉え，自己実現にとっての道具（ツール）としての社会と見て，コストパフォーマンスの問題からしか考えられなくなってしまっているという状況があると言えるであろう。そして，コストパフォーマンスの問題として捉えることは，すべての行為を「計算可能性」と「予測可能性」から判断することにつながる。つまり，計算できないもの＝数量化できないものはノイズとして排除するべきものとされてしまうことになる。社会のあり方を考える時に，社会的事象の数量化を行うことで計算できるものによってのみ，社会について思量し，運営していこうとするようになる。2章で取り上げた幸福度の問題は，こうした問題を浮き彫りしていくことになる。

　また，人と人がつながるということは，情報を共有することでもある。ソーシャル・ネットワーキング・サービスの普及と一般化は，マスメディアからの一方向的な情報発信とうってかわって誰もが情報発信することを可能とした。そのことは新しいつながりを創りだしたという利点がある一方で，「私化」が

進む社会においては，自分と同質のタイプの人間とのみ交流することとなり，開かれる可能性を有していた情報技術の革新が，逆に，閉鎖性と排他性をもったつながりに変化してしまったという現実を生み出している。3章では，こうした点に着目して，情報技術の光と影に注目した。そして，3章での直接的な言及はないが，1章での障害を持つ人や生命倫理の問題，2章での社会的な事柄に対する意識形成の問題，4章で触れた東日本大震災の被災者や福島第一原発事故の避難者に対する意識と行為，5章の課題であるペットとコミュニティ問題，6章の貧困に対する多くの人びとの認識の構築の問題，7章の家族をめぐる諸問題に対する人びとの意識形成に，ソーシャル・ネットワーキング・サービスの普及が果たした役割が大きいこともわかる。

　それぞれの章は独立した領域を扱った論考ではあるが，先に見たように，各章が相互につながりあったものとして考えることも可能である。いや，社会は，本来的には，それぞれの領域が有機的につながっているものであって，ばらばらに存在しているものではない。それぞれの領域は便宜的に分けられたものであって，それを実体化し，固定的に考えることこそが，社会を考えることに対する障壁になり得るのではないだろうか。この書を読んだ方が，それぞれの観点から，各章のつながりを見出して頂けるとするならば，それは，われわれ執筆者にとっては望外の喜びである。

　本来，この書はもっと早く世に問われるべきものであったが，編者の怠慢から当初の予定よりも大幅に遅れてしまった。このような不手際があったにもかかわらず，前著である『〈社会のセキュリティ〉は何を守るのか－消失する社会／個人』に続いて，浅学非才なわれわれの企画をお引き受けくださり，出版させてくださった学文社の田中千津子社長には，厚く御礼申し上げるとともに感謝させて頂きたい。

2017年2月

編　者

【索　引】

あ　行

IQ　19
愛他主義　15
愛着　169
アイデンティティ　149
預け先　133
新しい資本主義の文化　4
アドルノ，テオドール．W.　15, 28
青い芝の会　186
安心　2
安全　2
アンダーソン，B.　70
家　172
五十嵐泰正　10, 103, 112
石川信義　6, 8
1.57 ショック　174
一般化された他者　182
イデオロギー　156
医療的セキュリティ　133
岩田正美　7
姻族関係終了届　178
ヴァカン，ロイック　10
打越綾子　123
江崎玲於奈　28
SRY　182
エピクロス　2
エンハンスメント　29, 35
太田昌秀　3
大野晃　104
大村英昭　52
奥田道大　126
小田切徳美　104
落合恵美子　120

か　行

階級　150
柿沼美紀　128
核家族　183
核家族化　105, 156
家計シミュレーション　168
ガーゲン，K. J.　75
家族間殺人　167
家族規範　155-157
家族主義イデオロギー　172
家族という病　167
家族ペット　125
過疎問題　104
カッチャー，アーロン　128
家庭内暴力　167
川本彰　172
ガンズ，H. J.　99
官僚制　176
基地問題　3
近代家族　94, 120, 156, 185
グーテンベルク　71
グラデーション　185
グロートヤーン，アルフレート　22
グローバリゼーション　5
刑罰国家　5
ケイパビリティ（潜在能力）　147, 149
ゲゼルシャフト　87, 98
血縁幻想　181
ゲマインシャフト　87, 98
権威主義的パーソナリティ　28
限界集落　104
原発事故　2
交換価値　122
公共性　3, 4
幸福　2
幸福追求権　39
幸福のパラドックス　42
子育て私事論　176
ゴダード，ヘンリー　19, 20
子ども・若者の貧困　143, 146
小林美佳　178
コミュニティ　1, 10, 98-100, 112, 160
コミュニティ解体論　98

コミュニティ解放論　99
コミュニティ存続論　99
ゴルトン, フランシス　18, 19, 33
コント, オーギュスト　14, 15, 17
コンパニオン・アニマル　124

さ　行

災害時の同行避難　140
災害弱者　7, 110
サイドウォーク　129
斎藤道雄（斉藤道雄）　9
佐藤卓己　60
サンスティーン, C.　74
三段階の法則　14
飼育マナー　135
飼育歴　130
ジェンダー　150, 154, 184
自己保存　9
自然淘汰　15, 16
事実婚　169
実証主義　14
児童虐待　167, 177
シビリティ　127
市民　3, 4, 8
下夷美幸　173
社会化　180
社会学的想像力　161
社会関係資本　160
社会ダーウィニズム　15, 17
社会的排除　7, 8, 146-148
社会的包摂　8, 146
社会保障制度　145
社会問題　152, 159
シャルマイヤー, ヴィルヘルム　22
集合知　84, 85, 87
修正拡大集落　106
熟議　3, 4
ジュリアーニ, ルドルフ　5
生涯未婚率　171
使用価値　122
少子化　167
少子高齢化　152

象徴暴力　60
情報通信技術（ICT）　67-69, 77, 86, 87
消滅可能性自治体　94, 104
職住分離社会　94
出生前診断　13, 28
自立　155, 161
新型出生前診断　188
進化論　15, 17, 32, 33
シングル　171
人種主義　10, 21
新・マチ・ムラ連合型地域社会　106
スターンズ, P. N.　121
ステップ・ファミリー　170
ステレオタイプ　182
スペンサー, ハーバート　15, 17, 32, 33
生活保護　143
　──の適正化　153
生活保護バッシング　143, 155, 159
生存権　153
生命の選別　188
生来的犯罪人説　18
世感　61
絶対的貧困　147
セネット, リチャード　4, 5
セネット, R.　127
ゼロ・トレランス　6
世論（せろん）　60
相対的剥奪　147
相対的貧困（率）　145, 148, 169
創発特性　45, 46
ソーシャル・ネットワーキング・サービス（ＳＮＳ）　68, 69, 74, 77, 79, 80, 82-85, 88, 99

た　行

第三の居場所　108, 114
大衆消費社会　145
第二のセイフティネット　154
ダーウィン, チャールズ　15-17, 33
ダグデール, リチャード L.　19

他者化　159
多世代間による居住と交流の場　108
断種　20, 22, 23, 27
単親家庭　170
地域自治会　101-103, 105, 112
地域社会に対する参加意識　108
地域社会に対するアイデンティティ形成　107
地域住民組織　100-104
地域の空洞化　104
地方的世界　96, 97
地方創生　105, 174-175
津久井やまゆり園　13, 25
辻竜平　101
DV　167, 177
T4作戦　24
適者生存　15
デザイナー・ベイビー　30
デュルケム, エミール　59
テンニース, F.　98
天皇制家族国家体制　172
土井隆義　111
同性婚　170
徳野貞雄　105
都市　1, 87, 98-99, 109
都市的生活様式　94, 106
トランス・ヒューマニズム　32

な行

西垣通　84
西川眞理子　140
日本的経営　154
「人間的」な生活　120
ネット炎上　67-69, 74, 75, 77, 79-82, 84-88
野宿者（ホームレス）　144

は行

バウマン, ジグムント　43, 82
バーガー, P.　181
橋本和孝　120
パーソンズ, T.　183
パーソン論　34
働く人びとの貧困（ワーキングプア）　144
ハーバーマス, ユルゲン　3, 4, 7
ハラウェイ, ダナ　124
ハンセン病　28
東日本大地震　94,
東日本大震災　2, 7, 109, 114
被災弱者　109
非正規雇用　145
ビッグデータ　67-69, 77-81, 86
ヒトラー, アドルフ　22, 24
ビネー, アルフレッド　20
ヒムラー, ハインリヒ　27
標準世帯　169
貧困観　152, 156-158
貧困層　10
貧困の再発見　143, 145
ブアスティン, ダニエル　59
ファミリー・アイデンティティ　171
フォーグル, ブルース　123
福祉国家　7, 143, 145, 154
福島第一原子力発電所の事故　94, 110
藤井勝　96
不平等　150
プライバシー・バイ・デザイン　87
ブルデュー, ピエール　50, 57, 95
プレッツ, アルフレート　22
ベック, アラン　124
ベック, ウルリッヒ　122
ペット中心主義　121
ペットのセキュリティ　119
ペットフレンドリーなコミュニティ　120
——のモデル　138
ベンサム, ジェレミー　43, 44, 49
ボイド, ダナ　82, 84
法律婚　169
保護の補足性　153
ポストマン, N.　72
細谷昂　97

ホームレス型貧困　145, 150
ホルクハイマー, マックス　9

ま 行

マイヤー＝ショーンベルガー, ビクター
　78
マクルーハン, M.　76, 87, 88
マスメディア　69-77
町村敬志　5
松木洋人　176
マードック, G. P.　183
マーレイ, チャールズ　5
見形信子　187
見田宗介　41
ミード, G. H.　182
民主主義　3
無償労働　184
メディア　1
モラルパニック　155
モロッチ, H. L.　122

や 行

山田昌弘　125
ユダヤ人　21, 23, 25, 26, 34
用不用説　16, 32
吉原直樹　102
輿論　60

世論調査　1, 4

ら 行

ライアン, D.　82
ライフコース　144, 152
ラマルク, B. バプティスト　16, 17, 32
リー, J.　127
リスク　152
リテラシー　161
リューディン, エルンスト　25
レヴィタス, ルース　8
レーガン, ロナルド　5
レッシグ, ローレンス　88
連帯　161
ロウカイトウ・サイダーリス, A.　129
労働倫理　155
ローガン, J. R.　122
ロンブローゾ, チェザーレ　18

わ 行

ワイズマン・オーガスト　18, 33
ワース, L.　98, 112
忘れ（去）られる権利　81, 87
割れ窓理論　5, 10

編著者紹介

春日　清孝（かすが　きよたか）
元明治学院大学非常勤講師
明治学院大学大学院社会学研究科社会学・社会福祉学専攻博士後期課程単位取得退学
専攻分野：教育社会学，子ども社会学，家族社会学，ジェンダー論
主著・論文：『沖縄　読谷村「自治」への挑戦―平和と福祉の地域づくり』（橋本敏雄編，彩流社，2009），『ジェンダー化社会を超えて―教育・ライフコース・アイデンティティ』（共著，学文社，2016）

楠　秀樹（くすのき　ひでき）
東京理科大学，神奈川工科大学，東京電機大学非常勤講師
東洋大学大学院社会学研究科社会学専攻博士後期課程修了：博士（社会学）
専攻分野：社会学史，ドイツ社会学，フランクフルト学派
主著・論文：『ホルクハイマーの社会研究と初期ドイツ社会学』（単著，社会評論社，2008），『ケアの始まる場所：哲学・倫理学・社会学・教育学からの11章』（分担執筆，ナカニシヤ出版，2015），「リンガーによるブルデュー【場（champ）】の概念受容―ジェイによる批判から考える」（『年報社会学論集』第13号，関東社会学会，2000）

牧野　修也（まきの　しゅうや）
神奈川大学非常勤講師
東洋大学大学院社会学研究科社会学専攻博士後期課程修了：博士（社会学）
専攻分野：農村社会学，地域社会学，教育社会学
主著・論文：『農家後継者の「教育戦略」―農村市民社会を目指して―』（単著，ハーベスト社，2007），「農民学習運動組織の成立と展開―庄内労農大学の事例から―」（『村落社会研究』第8巻1号，日本村落研究学会，2001），「（研究ノート）農家後継者への「教育戦略」の転換と農業高校―山形県立庄内農業高校の事例から―」（【年報】村落社会研究42，2006）

〈社会のセキュリティ〉を生きる――「安全」「安心」と「幸福」との関係

2017年4月1日　第一版第一刷発行
2025年3月1日　第一版第五刷発行

編著者――　春日　清孝
　　　　　　楠　　秀樹
　　　　　　牧野　修也

発行者――　田中　千津子

発行所――　株式会社　学文社

〒153-0064　東京都目黒区下目黒3-6-1
電話（03）3715-1501(代)　振替00130-9-98842
https://www.gakubunsha.com

落丁・乱丁本は，本社にてお取り替えします。
定価はカバーに表示してあります。

印刷／東光整版印刷㈱
（検印省略）

ISBN 978-4-7620-2715-4

© 2017 KASUGA Kiyotaka, KUSUNOKI Hideki & MAKINO Shuya　Printed in Japan